10|18
12, avenue d'Italie — Paris XIIIe

Sur l'auteur

D'origine libanaise, Gilbert Achcar vit en France depuis 1983. Il est enseignant en sciences politiques à l'université de Paris-VIII et collaborateur au *Monde diplomatique*. Il est l'auteur notamment de *La Nouvelle Guerre froide : le monde après le Kosovo* (PUF, 1999)

LE CHOC DES BARBARIES

Terrorismes et désordre mondial

PAR

GILBERT ACHCAR

10|18

« Fait et cause »
dirigé par Hugues Jallon

ÉDITIONS COMPLEXE

Dans la même collection

► GILBERT ACHCAR, *Le Choc des barbaries,* n° 3606
CHRISTOPHE AGUITON, *Le monde nous appartient,* n° 3594
NOAM CHOMSKY, *De la propagande,* n° 3595
COLLECTIF, *Le cadavre bouge encore,* n° 3596
MICHAEL MOORE, *Mike contre-attaque !,* n° 3597
MICHAEL MOORE, *Dégraissez-moi ça !,* n° 3603
(à paraître en février 2004)
SAINT-JUST, *L'Esprit de la révolution,* n° 140
RICHARD SENNETT, *Le Travail sans qualités,* n° 3608
SERGE TISSERON, *Enfants sous influence,* n° 3598

ISBN 2-264-03839-X

Sommaire

INTRODUCTION

D'un 11 septembre à l'autre

Le 11 septembre 1990, George Herbert Walker Bush, 41e président des États-Unis d'Amérique, prononçait un discours historique devant le Congrès réuni en session conjointe. L'armée irakienne avait envahi le Koweït six semaines auparavant et, quatre jours plus tard, le président avait ordonné le déploiement des forces états-uniennes sur le territoire du royaume saoudien : c'était le début de l'opération « Bouclier du désert »*.

L'enjeu de la prestation présidentielle devant le Congrès était considérable. George Bush s'était fixé comme tâche de réussir là où avait échoué son pré-

* Cet ouvrage a été écrit dans l'urgence d'une réaction à des événements en cours, à partir d'un article publié sous le même titre dans la revue *ContreTemps* (Textuel, Paris). Rédigé sous pression, il a bénéficié des encouragements chaleureux et, parfois, de l'assistance ou des remarques de plusieurs amis et amies, parmi lesquels Birgit Althaler, Samir Amin, Daniel Bensaïd, Sebastian Budgen, Peter Drucker, Wilfried Dubois, Peter Gowan, Se-kyun Kim, Sandra Kleinlercher et Charles-André Udry. André Versaille, directeur des éditions Complexe, a non seulement veillé à la bonne réalisation du projet, mais a été aussi d'une aide fort précieuse par ses commentaires et suggestions de lecteur avisé. Toutefois, aucune des personnes citées ne saurait être tenue pour responsable des thèses exposées dans ce livre qui n'engagent que son auteur.

décesseur, Ronald Reagan, qu'il avait servi comme vice-président durant ses deux mandats consécutifs, de janvier 1981 à janvier 1989. Malgré ses efforts répétés et à son grand regret, le président Reagan n'avait pu débarrasser son pays du « syndrome vietnamien ». Les États-Unis restaient profondément marqués par le traumatisme paralysant de leur enlisement dans la guerre la plus « sale » de leur histoire. À cet égard, la principale opération extérieure entreprise sous Reagan avait débouché sur un fiasco total : au « syndrome vietnamien » s'était ajouté un « syndrome de Beyrouth », du fait des premiers attentats-suicides ayant frappé directement les États-Unis. C'était en 1983, dix-huit ans avant les attentats de New York et de Washington : après que 63 personnes eurent été tuées, le 18 avril, dans un attentat contre l'ambassade des États-Unis à Beyrouth, 242 marines de la Force multinationale d'intervention, déployée au Liban dans la foulée de l'invasion israélienne en 1982, trouvaient la mort, le 23 octobre, dans l'effondrement de l'immeuble qui leur servait de baraquement[1] *.

Dans son autobiographie, Ronald Reagan raconte comment « notre expérience au Liban a conduit l'Administration à adopter un ensemble de principes afin de guider l'Amérique dans l'utilisation de la force militaire à l'étranger[2] ». C'est Caspar Weinberger, alors secrétaire à la Défense, qui formula la nouvelle doctrine, dans un célèbre discours prononcé en novembre 1984. Des six principes qu'il avait définis, le cinquième s'énonçait comme suit : « Avant que les États-Unis n'engagent des troupes à l'étranger, il faut être raisonnablement sûr que nous aurons le soutien du peuple américain et de ses représentants élus au Congrès. [...] Nous ne pouvons pas mener une bataille

* Toutes les notes sont placées en fin de chapitre.

contre le Congrès chez nous, tout en demandant à nos troupes de gagner une guerre outre-mer[3]... »

George H. W. Bush tint scrupuleusement compte de ce principe. La première opération militaire menée sous le mandat de l'ex-directeur de la CIA qu'il était fut soigneusement préparée par une campagne médiatique intense contre l'ex-agent de la CIA qu'était le dictateur panaméen Manuel Noriega (qui, certes, se prêtait fort bien à la diabolisation). Pour mieux marteler le message, l'opération déclenchée dans la nuit du 19 au 20 décembre 1989 — dix ans après le début de l'invasion de l'Afghanistan par les troupes soviétiques et dix mois après la fin de leur retrait de ce pays meurtri — fut baptisée « Juste Cause ». L'expérience fut réussie pour Washington, bien que l'enlèvement du général Noriega eût valu aux civils panaméens, selon une estimation prudente, 300 morts, 3 000 blessés et 15 000 personnes déplacées, sans compter les victimes militaires[4]. Elle ne fut pas concluante pour autant : aux yeux de l'opinion publique américaine, l'opération s'apparentait plus à une descente de police contre un tyran brutal, doublé d'un trafiquant de drogue, qu'à une guerre. Elle ne pouvait servir de révélateur fiable quant au degré de persistance du « syndrome vietnamien ».

Survenue quelques mois plus tard, le 2 août 1990, l'invasion du Koweït par les troupes du dictateur irakien Saddam Hussein offrit une occasion idéale pour tenter de surmonter l'inhibition états-unienne en matière de guerre. Le président Bush comprit immédiatement tout le profit qu'il pourrait tirer d'une action militaire aussi légitime du point de vue du droit international — la première de l'histoire de l'Organisation des Nations unies à bénéficier de l'approbation active ou passive de l'ensemble des cinq membres du Conseil de sécurité et d'une grande majorité de l'Assemblée générale. Il fallait encore que George Bush puisse en convaincre son opinion publique, et surtout le Congrès, dont il attendait que ses deux Chambres votent une résolution de soutien à son action dans le Golfe[5]. Tel était l'enjeu majeur de son discours du 11 septembre 1990.

Le président y eut recours à deux argumentaires tout à fait différents : l'un de type « idéaliste », l'autre de type « réaliste », selon les appellations consacrées en théorie des relations internationales — comme si deux *speechwriters* de sensibilités différentes s'étaient réparti la rédaction de ces passages contrastés du discours présidentiel. S'adressant d'abord aux « idéalistes », nombreux dans l'opposition démocrate, George Bush se lança dans une envolée grandiloquente sur le thème devenu vite célèbre du « nouvel ordre mondial » :

« Nous nous trouvons aujourd'hui à un moment unique et extraordinaire. La crise dans le golfe Persique, aussi grave qu'elle soit, offre aussi une rare occasion d'avancer vers une période historique de coopération. De ces temps troubles, [...] un nouvel ordre mondial peut émerger : une nouvelle ère — plus libre de la menace de la terreur, plus forte dans la poursuite de la justice, et plus sûre dans la quête de la paix. Une ère dans laquelle les nations du monde, Est et Ouest, Nord et Sud, peuvent prospérer et vivre en harmonie.

Une centaine de générations ont cherché ce chemin introuvable de la paix, tandis que mille guerres ont fait rage sur toute la durée de l'effort humain. Aujourd'hui ce nouveau monde lutte pour naître. Un monde dans lequel le règne de la loi remplace la loi de la jungle. Un monde dans lequel les nations reconnaissent la responsabilité partagée de la liberté et de la justice. Un monde où les forts respectent les droits des faibles[6]. »

Après quoi, s'adressant aux « réalistes », qui placent « l'intérêt national » au-dessus de toute autre considération et estiment que la suprématie américaine dans le monde relève de cet intérêt bien compris, George Bush expliqua les enjeux économiques et hégémoniques du conflit :

« Des intérêts économiques vitaux sont également en jeu. L'Irak contrôle près de 10 % des réserves prouvées de pétrole. L'Irak augmenté du Koweït contrôlerait le double. Un Irak qu'on laisserait avaler le Koweït aurait le pouvoir économique et militaire, ainsi que l'arrogance, d'intimider et de contraindre ses voisins — des voisins qui contrôlent la part du lion des réserves mondiales de pétrole. Nous ne pouvons pas permettre qu'une ressource si vitale soit dominée par une telle brute. Et nous ne le permettrons pas.

Les événements récents ont prouvé de manière certaine que personne ne peut remplacer le leadership américain. Face à la tyrannie, personne ne doit douter de la crédibilité et de la fiabilité américaines[7]. »

Tout en concédant que la fin de la guerre froide — au moment où l'Allemagne était sur le point d'achever sa réunification formelle — permettait de réduire quelque peu le budget militaire états-unien par rapport au pic atteint sous la présidence de Ronald Reagan, George Bush ajoutait qu'il « n'accepterait jamais », cependant, de descendre au-dessous de « notre marge vitale de sécurité » :

« Le monde est encore dangereux. Cela est certainement clair à présent. La stabilité n'est pas assurée. Les intérêts américains portent loin. L'interdépendance s'est accrue. L'instabilité régionale peut avoir des conséquences mondiales. Ce n'est pas le moment de mettre en risque la capacité de l'Amérique à protéger ses intérêts vitaux[8]. »

Lorsque deux discours, celui de l'idéalisme le plus lyrique et celui du réalisme le plus prosaïque, sont ainsi combinés en un seul, il ne fait pas de doute que c'est la *realpolitik* qui prime : la droiture et la sincérité sont des vertus « idéalistes », là où la tromperie et l'hypocrisie sont des éléments constitutifs de la *virtù* machiavélienne.

« On voit par expérience de notre temps que ces princes se sont faits grands qui ont su par ruse circonvenir l'esprit des hommes, et à la fin, ils ont surpassé ceux qui se sont fondés sur la loyauté. [...] Un prince de notre temps, lequel il n'est bon de nommer, ne chante d'autre chose que de paix et de foi ; et de l'une et de l'autre il est très grand ennemi[9]... »

À le relire attentivement, toutefois, George H. W. Bush ne s'était engagé à rien dans la partie « idéaliste » de son discours : il s'était borné à décrire ce qui était possible en 1990 — mais *possible* seulement — sans promettre de le réaliser. Le monde se trouvait bien, alors, « à un moment unique et extraordinaire », devant « une rare occasion d'avancer vers une période historique de coopération ». Un « nouvel ordre mondial » pouvait effectivement émerger de la fin de la guerre froide : « Une nouvelle ère — plus libre de la menace de la terreur, plus forte dans la poursuite de la justice, et plus sûre dans la quête de la paix. » Une ère dans laquelle « les nations du monde, Est et Ouest, Nord et Sud, peuvent prospérer et vivre en harmonie », tandis que « le règne de la loi remplace la loi de la jungle » et que « les forts respectent les droits des faibles ».

Paroles remarquables en ce qu'elles reconnaissaient l'existence d'un lien entre, d'une part, la diminution de « la menace de la terreur » et le progrès dans la voie de la paix et, d'autre part, la création des conditions de la prospérité pour toutes les régions du monde sans exception, le règne du droit international et le respect par les plus forts des droits des plus faibles.

Considéré sous cet angle, le 11 septembre 2001 peut légitimement être interprété, à contrario, comme la culmination provisoire d'une dérive terroriste, qui est le corollaire de l'éloignement croissant par rapport aux conditions citées, au cours des onze années écoulées depuis le 11 septembre 1990. Dans un monde où les inégalités se creusent inexorablement, tant dans les réalités sociales qu'entre les nations, et où la loi de la jungle et la raison du plus fort règnent suprêmement, la barbarie des uns engendre fatalement la barbarie des autres et « la menace de la terreur » finit par peser sur tous, dans la diversité de ses modalités.

La pacification du monde ne naîtra pas du choc de ces barbaries : loin de se neutraliser mutuellement, elles se renforcent dans une escalade réciproque, tendanciellement paroxystique, selon le mécanisme clausewitzien de la montée aux extrêmes : « Chacun des adversaires fait la loi de l'autre, d'où résulte une action réciproque qui, en tant que concept, doit aller aux extrêmes[10]. » On ne saurait mieux décrire en une seule phrase la logique de ce qu'il est convenu d'appeler « le cycle infernal de la violence », au moment où les deux clans de la vendetta planétaire affirment à l'unisson qu'ils ne reculeront devant aucun moyen dans leur guerre d'annihilation réciproque.

Notes

(Les citations figurant dans l'ouvrage sont, le plus souvent, directement traduites à partir du document original. Lorsqu'une traduction française de ce document existe cependant, elle est indiquée.)

1. Simultanément, un autre attentat faisait 58 morts parmi les troupes françaises de la même Force multinationale.

2. Ronald Reagan, *An American Life,* Pocket Books, New York, 1992, p. 466.

3. Caspar Weinberger, « The Uses of Military Power : Excerpts from Remarks by Secretary of Defense Caspar Weinberger to the National Press Club, Washington, DC, November 28, 1984 », reproduit en annexe dans Richard Haas, *Intervention : The Use of American Military Force in the Post-Cold War World,* éd. revue, Brookings, Washington, 1999, p. 203. Les cinq autres principes étaient les suivants : 1) pas d'engagement au combat sans intérêt vital pour les États-Unis ou leurs alliés ; 2) ne s'engager qu'avec l'intention claire de gagner, et donc d'y mettre les moyens nécessaires ; 3) les objectifs de l'engagement doivent être clairement définis ; 4) réviser sans cesse les conditions de l'engagement et son rapport avec les intérêts vitaux ; 6) n'intervenir militairement qu'en dernier recours.

4. Physicians for Human Rights, « Panama : "Operation Just Cause" : The Human Cost of the US Invasion », communiqué de presse, Boston, 16 décembre 1990.

5. La Chambre des représentants et le Sénat votèrent, en effet, au début d'octobre 1990, des résolutions convergentes de soutien à l'action du président « au sujet de l'agression irakienne contre le Koweït ».

6. Cette partie du discours est reproduite dans George Bush et Brent Scowcroft, *A World Transformed,* Knopf, New York, 1998, p. 370 (traduction française : *À la Maison-Blanche : 4 ans pour changer le monde,* Odile Jacob, Paris, 1999). Pour le discours intégral : « President Bush's address to Congress on the Persian Gulf situation », *Washington File,* Department of State, Washington, 1990.

7. *Ibid.*

8. *Ibid.*

9. Nicolas Machiavel, *Le Prince,* dans *Œuvres complètes,* Gallimard, la Pléiade, Paris, 1974, ch. XVIII, p. 341 et 343.

10. Carl von Clausewitz, *De la guerre,* Minuit, Paris, 1955, p. 53.

Compassion narcissique et société du spectacle mondial

Toute tentative d'expliquer la dérive terroriste qui a culminé dans les attentats-suicides du 11 septembre 2001, comme corollaire de l'état déplorable du monde dans lequel nous vivons, s'est heurtée à un tir de barrage nourri, dans un climat d'intimidation intellectuelle qui n'a pas été sans rappeler les heures sombres de la guerre froide. L'intimidation s'est appuyée sur deux amalgames délibérés.

Anti-américanisme et « valeurs »

Premièrement, selon les censeurs, toute critique systématique des actions du gouvernement états-unien relève d'un « anti-américanisme » infamant. La recrudescence de l'emploi de cette désignation, depuis la guerre du Kosovo en particulier, pour disqualifier les critiques de la politique washingtonienne, évoque irrésistiblement la « commission des activités anti-américaines », qui s'illustra naguère aux États-Unis, en prélude au maccarthysme. Selon la même logique « paranoïaque [1] », ultimement dévoreuse de ses propres enfants — qui aboutit autrefois à ce que le sénateur républicain Joseph McCarthy en arrive à mettre en cause le président républicain Dwight Eisenhower lui-même —, les accusations d'anti-américanisme en sont déjà venues à viser les plus dévoués des alliés de Washington, pour peu qu'ils aient osé exprimer la moindre réserve sur les actes de l'administration Bush.

C'est ainsi que, par suite des critiques émises autour du traitement infligé aux détenus transférés sur la base états-unienne de Guantánamo, en territoire cubain, l'édition européenne du *Wall Street Journal* a ouvert ses colonnes à un certain Stephen Pollard, qui a expliqué comment les commentaires « très grotesques » des médias européens montrent que « l'anti-américanisme européen n'est ni le trait exclusif de la gauche, ni des continentaux[2] ». La gauche européenne, représentée par *The Guardian* et *Le Monde* (*sic*), hait naturellement les Américains, selon l'auteur, et ces deux quotidiens « étaient remplis d'articles proclamant : Je ne suis pas américain ! » (comme Hermione dans l'*Andromaque* de Racine, *Le Monde* pourra se plaindre de « cet amour payé de trop d'ingratitude »). Mais la droite et le centrisme européens sont tout aussi anti-américains, et comptent dans leurs rangs « plusieurs vrais ennemis — d'aucuns pourraient même dire les plus vitrioliques ». En outre, « l'anti-américanisme de l'*establishment* britannique est aussi profond que ce que l'on trouve ailleurs », comme l'attestent les articles du très conservateur *Daily Telegraph* ou ceux du thatchérien Matthew Paris dans *The Times*. Tous ces anti-américains, qui s'avançaient masqués, l'affaire de Guantánamo « les a révélés sous leurs couleurs véritables ».

Le deuxième amalgame pratiqué par les censeurs à des fins d'intimidation consiste à considérer que toute explication du 11 septembre qui se réfère à l'iniquité du monde équivaut à une justification du meurtre de masse — comme s'il était inconcevable qu'une barbarie puisse en engendrer une autre, non moins condamnable.

Salman Rushdie lui-même — qui, pourtant, aurait dû être particulièrement allergique à tout ce qui ressemble à une excommunication — s'est mis de la partie, avec le zèle néophyte du New-Yorkais de fraîche date qu'il est devenu. Il s'en est pris violemment, dans le *Washington Post,* au « relativisme éthique moralisateur » de ceux qui pensent que les États-Unis devraient amender leur propre conduite et qu'il accuse de mener une « offensive anti-américaine bien-pensante ». À tous ceux-ci — sans moraliser aucunement, bien entendu — il a assené cette leçon de morale originale : « Le terrorisme est le meurtre des innocents ; cette fois-ci, il s'agissait de meurtre de masse. Excuser une telle atrocité en blâmant les politiques du gouvernement états-unien, c'est nier l'idée de base de toute moralité : que les individus sont responsables de leurs actions[3]. » Il n'était pas venu à l'esprit de l'auteur des *Versets sataniques* que, sans « excuser » aucunement le terrorisme de masse, l'on pouvait soutenir cette idée, fort simple à comprendre : le gouvernement des États-Unis, qui est indubitablement responsable de ses propres actions et de la haine qu'elles suscitent, porte une part de responsabilité dans ce qui frappe les citoyens de son pays, lorsqu'ils sont pris pour cibles par ceux qui commettent le crime — indiscutablement détestable et injustifiable — de se venger de l'oppression entretenue par Washington, en assassinant des civils.

D'ailleurs, le gouvernement états-unien ne reconnaît-il pas lui-même, indirectement, sa propre responsabilité, lorsqu'il dédommage les familles des victimes et leur demande, en échange, de s'engager par écrit à renoncer à toute action en justice contre lui au sujet du 11 septembre[4] ? C'est ce qu'a souligné, dans un article du *Wall Street Journal,* un banquier dont le père fut tué dans un attentat en 1975 : « En créant un fonds, premier du genre, avec un montant estimé de 4,6 milliards de dollars prélevés sur l'argent des contribuables (en plus d'une exonération totale d'impôts fédéraux pour 2000 et 2001), le gouvernement fédéral accepte implicitement la responsabilité des attentats de septembre[5]. » Et l'auteur de rappeler les nombreux autres attentats suite auxquels les familles des victimes ne reçurent aucun dédommagement de la part du gouvernement, comme ce fut le cas, par exemple, pour les enfants et les adultes non fonctionnaires, tués dans l'attentat d'Oklahoma City[6].

Dans un pays où tout se monétise, on peut voir, en tout cas, dans le marchandage entre le gouvernement et une partie des familles des victimes du 11 septembre, une motivation prosaïquement financière s'ajoutant aux motivations politiques qui poussent la Maison-Blanche à nier catégoriquement et farouchement, contre toute évidence, tout rapport de cause à effet entre la politique extérieure des États-Unis et les attentats dont ils ont été la cible. Ainsi, tandis que dans son discours du 11 septembre 1990, le 41ᵉ président, George H. W. Bush, avait tacitement reconnu le lien entre « la menace de la terreur » et l'injustice régnant dans le monde, son fils, George W. Bush, 43ᵉ président, s'est très vite évertué à interdire toute explication de ce genre. Selon l'oukase présidentiel, les crimes du 11 septembre 2001 ne pouvaient être conçus en réaction à des aspects légitimement contestables de la politique états-unienne, au Moyen-Orient ou ailleurs. Ils ne pouvaient être que l'émanation d'un rejet viscéral des « valeurs » les plus nobles des États-Unis et de l'Occident. Ainsi, selon le fils — dans son discours du 20 septembre 2001, prononcé, comme celui du père, devant le Congrès réuni en session conjointe —, les terroristes auraient agi par détestation de la démocratie et de la liberté.

« Les Américains demandent : pourquoi ils nous haïssent ? Ils haïssent ce que l'on voit précisément ici, dans cette Chambre — un gouvernement démocratiquement élu. Leurs dirigeants sont autoproclamés. Ils haïssent nos libertés — notre liberté de culte, notre liberté d'expression, notre liberté de voter, de nous assembler et d'être en désaccord les uns avec les autres[7]. »

S'adressant à la fois au peuple des États-Unis et à ses élus, George W. Bush les a ainsi estimés tous assez niais pour croire que les kamikazes du 11 septembre auraient haï leur pays au point de se donner la mort, dans le but de tuer le plus grand nombre de personnes sur leur sol, tout simplement parce qu'ils auraient abhorré leurs institutions démocratiques et leurs libertés publiques. Argument d'autant plus stupéfiant qu'il était immédiatement suivi de l'affirmation — incontestable, celle-ci — que les auteurs des attentats visaient à renverser les gouvernements de leurs propres pays : « Ils veulent renverser les gouvernements existants dans plusieurs pays musulmans, comme l'Égypte, l'Arabie saoudite et la Jordanie. » Peut-être Bush pensait-il que ces trois pays aussi ont des gouvernements démocratiquement élus ?

Comme pour illustrer les vertus de franchise d'un certain réalisme, le très « nixonien » Dimitri Simes a réfuté ce type d'allégation avec beaucoup de bon sens :

« [Le réseau] Al-Qaida peut être issu de la branche wahhabite de l'islam radical — qui rejette la civilisation occidentale — mais il n'a pas attaqué des objectifs choisis au hasard dans le monde occidental. Il n'a pas non plus concentré ses efforts contre les nations occidentales les plus laïques et les plus permissives, qui se trouvent en Europe, et non en Amérique du Nord.

Au contraire, le réseau terroriste de Ben Laden s'est focalisé de façon obsessive sur les États-Unis. La raison en est que des politiques états-uniennes spécifiques sont inacceptables pour Al-Qaida et menacent ce qu'il perçoit comme constituant le noyau fondamental de ses intérêts et croyance[8]. »

L'absolu et le relatif

La plus efficace et la plus intimidante des obstructions à la réflexion critique sur la signification du 11 septembre a été cependant l'absolutisation même de l'événement. Que n'a-t-on pas dit ou écrit, en effet, au sujet du 11 septembre 2001 ! Un exemple parmi d'autres, dont la grandiloquence, il est vrai, est particulièrement emphatique : « Nous vivrons et nos enfants survivront dans une histoire où l'explosion des tours redessine la carte de géographie et trace l'horizon indépassable d'un crépuscule terroriste de l'humanité[9]. » Dans un registre relativement plus sobre, d'innombrables commentateurs ont cru voir dans le 11 septembre un tournant historique majeur dans l'histoire mondiale, comparable à l'attaque surprise du 7 décembre 1941, à Pearl Harbor. Cette dernière avait été mythologisée, peu de temps avant les attentats, par une superproduction hollywoodienne servant la cause du bouclier antimissile, cher à George W. Bush. Qualifiés par le 43e président, dès le lendemain, d'actes de « guerre » plus que de « terrorisme », les attentats du « nouveau Pearl Harbor » furent immédiatement élevés au rang d'événement inaugural d'une nouvelle guerre, que beaucoup n'hésitèrent pas à appeler « Troisième Guerre mondiale ». Le titre barrant les émissions spéciales de CNN fut vite converti de « *America Under Attack* » en « *America at War* ».

La guerre du Golfe de 1991 avait déjà été qualifiée de « *CNN war* » en son temps, mais les attentats du 11 septembre ont incontestablement marqué un pic historique dans la mondialisation médiatique. Jamais, en effet, un événement n'a été autant regardé que l'attaque contre les tours de Manhattan — en direct ou en différé, avec rediffusion télévisée en boucle et disponibilité vidéo et diapos sur un nombre incalculable de sites web, sans même compter ce que l'on appelle à présent les « supports papier ». Le corollaire de ce record historique est que jamais la perception d'un événement n'a été aussi massivement et éminemment tributaire de l'effet grossissant de la télédiffusion. Effet grossissant et, bien sûr, déformant : comme l'a écrit Naomi Klein dans une belle réaction à chaud, « vue à travers les chaînes de télévision états-uniennes, l'attaque [du 11 septembre] semblait provenir moins d'un autre pays que d'une autre planète [10] ».

Or, la réflexion critique sur le sens du 11 septembre 2001 et de ses lendemains devrait être d'autant plus considérée comme un impératif de salut public que l'on pense que l'événement est capital et qu'il engage l'avenir même de l'humanité. Un véritable effort critique s'impose donc, en premier lieu, afin de se soustraire à l'impressionnisme dominant qui a érigé ces horribles attentats en incarnation absolue du Mal. Il ne s'agit d'ailleurs pas d'une simple métaphore, en l'occurrence. La notion métaphysique de Mal a été invoquée à plusieurs reprises, comme on le sait trop bien, par George W. Bush, qui a utilisé très délibérément l'appellation que Ronald Reagan avait appliquée à l'URSS, du temps où les États-Unis soutenaient le Mal d'aujourd'hui, les troupes de choc de l'intégrisme islamique, contre « l'Empire du Mal » d'hier, l'Union soviétique — les États-Unis représentant toujours, comme il se doit, l'incarnation du Bien (peut-être faudrait-il les appeler « l'Empire du Bien » ?) [11].

Poursuivant sur la voie de cette éthique primaire — tout en faisant appel à l'imagerie de la Seconde Guerre mondiale, et ce pour la troisième fois depuis la fin de la guerre froide, après que Hitler eut été ressuscité, successivement, sous les traits de Saddam Hussein et de Slobodan Milošević — George W. Bush a désigné trois des États dits « scélérats » (*rogue states*) dans la classification washingtonienne, l'Irak, l'Iran et la Corée du Nord, ainsi que leurs « alliés terroristes », comme constituant un « axe du Mal ». C'était dans son premier discours sur l'état de l'Union, prononcé devant le Congrès le 29 janvier 2002, un discours dans lequel le président utilisa à cinq reprises le terme « Mal » (*evil*). Une étude de la fréquence de ce terme et de ses déclinaisons dans les discours publics aux États-Unis, depuis le 11 septembre, produirait certainement des résultats sidérants.

Le Mal dans son acception métaphysique absolue est une notion commune à l'entendement religieux intégriste et réactionnaire que partagent Bush et Ben Laden — ces « structures mentales » (« *Denkstrukturen* ») similaires des deux hommes, selon la bonne formule du présentateur vedette de la télévision allemande, Ulrich Wickert[12]. George W. Bush apparaît d'ailleurs aujourd'hui comme le chef de file des fondamentalistes protestants aux États-Unis, comme l'expliquait récemment un article du *Washington Post* :

« Pour la première fois depuis que les conservateurs religieux se sont transformés en mouvement politique moderne, le président des États-Unis est devenu le dirigeant de facto du mouvement — un statut que même Ronald Reagan, bien qu'admiré par les conservateurs religieux, n'a jamais obtenu. Les publications, radios et télévisions chrétiennes couvrent Bush de louanges, tandis que les prédicateurs, du haut de leur chaire, décrivent son leadership comme un signe de la providence. Toute une procession de dirigeants religieux qui l'ont rencontré témoignent de sa foi, tandis que des sites web encouragent les gens à jeûner et prier pour le président[13]. »

Au point que le discours présidentiel, à l'instar de tout discours religieux, devient l'objet de discussions théologiques, où l'on trouvera, pour comble, une critique chrétienne miséricordieuse de l'intransigeance de George W. Bush, qui est le pendant des critiques islamiques modérées des exhortations religieuses du chef du réseau Al-Qaida.

« "Le Mauvais" ["*the evil one*"] : M. Bush a régulièrement utilisé ce terme pour désigner Oussama Ben Laden. Parmi les chrétiens évangéliques [le courant conservateur du protestantisme américain, dont les fondamentalistes représentent l'aile dure], c'est une référence évidente à Satan, et elle apparaît plusieurs fois dans la Bible. (Dans l'Évangile selon saint Matthieu : "Quelqu'un entend-il la Parole du Royaume sans la comprendre, arrive le Mauvais qui emporte ce qui a été semé dans le cœur de cet homme[14].") M. Bush fut élevé comme épiscopalien, devint méthodiste après son mariage, puis déclara, en 1986, qu'il confiait à nouveau son cœur à Jésus-Christ — une expérience de renaissance [*born-again* : la "renaissance chrétienne" par nouvelle conversion, lancée par les évangéliques], du moins dans les termes des évangéliques, bien que le président n'ait pas utilisé cette appellation pour se décrire lui-même. Il n'en reste pas moins que les évangéliques reconnaissent la terminologie du "Mauvais" comme leur. Mais certains, dans le mouvement évangélique, ont critiqué ce terme.

"Le problème avec 'le Mauvais' est que, dans la pensée chrétienne, le seul qui soit totalement, irrémédiablement mauvais, est Satan", a dit Richard J. Mouw, président du séminaire théologique Fuller à

Pasadena, en Californie, le plus grand séminaire d'Amérique du Nord pour l'aile majoritaire du mouvement évangélique. “Nous ne croyons pas vraiment que quiconque soit hors d'atteinte de la rédemption avant son dernier souffle, s'il rejette le Christ.” Appeler M. Ben Laden “le Mauvais” le surnaturalise, a dit le Dr Mouw. Il a ajouté que le fait de dire que M. Ben Laden est recherché mort ou vif, comme l'a fait le président, dévalue la vie humaine[15]. »

La singularité du 11 septembre

La critique de l'absolutisation de l'horreur terroriste du 11 septembre est d'autant plus indispensable que l'événement a été recouvert d'une couche particulièrement épaisse de commentaires au superlatif. Il est donc nécessaire de relativiser cet événement, en le situant dans le contexte auquel il appartient, sans céder aux accusations intimidantes selon lesquelles cela reviendrait à en banaliser l'horreur. Nul n'a le monopole de l'indignation morale, et ce n'est pas banaliser un acte ignoble, et encore moins le justifier, que de le replacer dans le contexte des actes de même nature, dans lequel, de surcroît, il a été inscrit, d'emblée et explicitement, par ses auteurs ou inspirateurs. C'est plutôt refuser l'indignation sélective.

Qu'y a-t-il, donc, de véritablement extraordinaire dans le « terrorisme de destruction massive » du 11 septembre, coupable du meurtre de 3 300 personnes environ, au dernier décompte ? Sur l'échelle des carnages dont est directement responsable le gouvernement des États-Unis, et pour lesquels il n'a jamais exprimé le moindre regret, c'est somme toute un massacre bien ordinaire. Faudrait-il s'interdire de rappeler les 200 000 victimes civiles de Hiroshima et de

Nagasaki, sous prétexte que l'argument a été astucieusement utilisé par Oussama Ben Laden lui-même ? Ou alors les 3 millions de civils indochinois victimes de l'agression états-unienne, que l'intégriste islamique a beaucoup moins évoqués, par contre, parce que le combattant anticommuniste qu'il a longtemps été ne pouvait qu'approuver une telle guerre ? Et, sous prétexte que Ben Laden s'y est constamment référé, faudrait-il perpétuer le silence sur les 90 000 personnes — 40 000 enfants de moins de cinq ans et 50 000 autres civils — qui meurent tous les ans, depuis dix ans, des effets de l'embargo contre l'Irak, selon les estimations des agences des Nations unies ?

Pourtant, c'est nulle part ailleurs que dans la prestigieuse revue *Foreign Affairs,* principal organe du *think-tank* de la politique étrangère états-unienne, que les sanctions infligées à l'Irak ont été qualifiées de « sanctions de destruction massive ». Dans un article paru en 1999, les deux professeurs américains John et Karl Mueller — après avoir estimé à 400 000 le nombre total des morts provoquées dans l'histoire par des armes de destruction massive (nucléaires, chimiques et biologiques, à l'exclusion des chambres à gaz nazies) — concluaient, en prenant soin d'utiliser le conditionnel pour atténuer l'impact de leur propos :

« Si les estimations par l'ONU des pertes humaines en Irak sont correctes, ne serait-ce qu'approximativement, il apparaîtrait donc que — dans un effort resté vain jusqu'ici pour écarter Saddam [Hussein] du pouvoir et un effort quelque peu plus efficace pour le restreindre militairement — les sanctions économiques ont bien pu être la cause nécessaire de la mort de plus de personnes en Irak qu'il n'en a été massacré par toutes les armes dites de destruction massive à travers l'histoire[16]. »

Avec beaucoup de pertinence pour notre réflexion présente, les deux auteurs poursuivaient :

« Il est intéressant de noter que cette perte de vies humaines n'a pas produit de grande impression aux États-Unis. Les Américains ne reprochent pas clairement au peuple d'Irak les actes de ce pays : même au plus fort de la guerre du Golfe, 60 % disaient qu'ils considéraient le peuple irakien comme innocent de toute part de responsabilité dans la politique de Saddam [Hussein]. Pourtant le nombre massif de morts parmi les civils irakiens a suscité peu de protestations du public et a été à peine remarqué.

Une part du manque d'attention peut provenir d'une indifférence aux vies étrangères. Bien que les Américains soient extrêmement sensibles aux pertes américaines, ils paraissent souvent — comme d'autres — très insensibles aux pertes subies par les adversaires, qu'elles soient militaires ou civiles. Une part du manque d'attention peut aussi être due au fait que, contrairement aux morts causées par des bombes terroristes, celles qui sont infligées par des sanctions sont dispersées plutôt que concentrées, et statistiques plutôt que dramatiques[17]. »

À contrario, il y a là deux éléments fondamentaux de réponse à la question sur la singularité du 11 septembre. En effet, ce qui est extraordinaire, en premier lieu, dans le meurtre de masse de Manhattan, c'est qu'il a frappé des Américains, en plein cœur de métropoles états-uniennes. Comme l'a bien vu Noam Chomsky, « les crimes du 11 septembre marquent effectivement un tournant dans l'histoire : non par leur dimension, mais par le choix de leur cible[18] ». Et pour se rendre compte de l'importance de cette singularité, de cette atteinte particulièrement douloureuse à « l'exceptionnalisme » américain, il suffit de se poser les questions qu'un commentateur, soucieux d'objectivité, a formulées à ce propos :

« Nos passions se déclenchent non en proportion de la gravité des faits, mais du sens qu'on prétend leur donner ; moins en fonction du coût humain réel, que de notre sympathie envers les victimes. L'émotion, évidemment plus que justifiée, provoquée par les attentats qui ont détruit les tours du World Trade Center à New York et une partie du Pentagone en septembre 2001, aurait-elle pris cette ampleur si des dévastations aussi meurtrières avaient été perpétrées dans un pays du tiers-monde ? Les images des désastres auraient-elles seulement été médiatisées à ce point[19] ? »

Quelle aurait été la réaction mondiale, en effet, si un tel meurtre de masse avait été commis contre un autre pays que les États-Unis, un pays d'Afrique par exemple, ou bien si les attentats avaient pris pour cibles les deux Petrona Towers géantes de Kuala Lumpur ? Il n'est qu'à comparer, par ailleurs, la couverture médiatique des deux tours rasées de Manhattan et celle qui a été réservée à Grozny, une ville entière réduite au « Ground Zero » par les bombardements de l'armée russe...

Le fait que les attentats du 11 septembre aient frappé New York et Washington — les deux capitales d'une *globalization* du monde, qui est au premier chef une « américanisation » au sens de l'extension du modèle socio-économique et culturel états-unien — explique non seulement pourquoi les Américains ont été si profondément choqués et émus, mais aussi pourquoi le reste du monde l'a été à un tel degré. L'hégémonie absolue des États-Unis sur l'univers médiatique de la fiction et de l'information produit une forte tendance à l'identification des consommateurs d'images du monde entier avec leurs citoyens. C'est bien pourquoi d'ailleurs l'identification se rapporte surtout aux métropoles de l'Empire états-unien, lieux familiers aux téléspectateurs et aux habitués des salles obscures de la planète entière.

En ce sens, ce n'est pas seulement au cas où des attentats aussi meurtriers que ceux du 11 septembre auraient frappé un pays du tiers-monde qu'ils auraient suscité beaucoup moins d'attention et d'émotion. On pourrait en dire autant pour le cas où des villes européennes ou japonaises, voire des villes américaines moins centrales (comme Oklahoma City), auraient été frappées : l'ampleur des émotions est directement proportionnelle à la proximité de chaque théâtre de l'horreur du centre névralgique du système mondial et de la scène privilégiée du spectacle mondial. En frappant Washington et New York, les auteurs du 11 septembre avaient très judicieusement choisi leurs cibles.

Mondialisation et compassion narcissique

Pour des raisons d'affinité évidentes, ceux qui s'identifient le plus avec les Nord-Américains appartiennent à l'Occident, ainsi qu'aux couches sociales transnationales qui partagent ce mode de vie, attribué par excellence aux *yuppies* de New York, que l'on peut appeler *cosmopolitan bourgeois way of life,* version élitaire actualisée et mondialisée de l'*American way of life* des années 1950. Thomas Friedman, le célèbre éditorialiste du *New York Times,* chantre de la *globalization*[20], est un représentant en vue de ce mode de vie. Dans le style fanfaron et ingénu qui est le sien, il a raconté son emploi du temps d'un week-end, deux semaines après le 11 septembre :

« Je suis allé au base-ball vendredi soir ; j'ai écouté la symphonie du *Nouveau Monde* de Dvořák au Kennedy Center samedi ; j'ai emmené mes filles prendre le petit déjeuner à Washington dimanche matin, et j'ai ensuite pris l'avion pour l'université du Michigan. Mazette, je suis même sorti hier [lundi] acheter quelques actions. Quel grand pays !

Je me demande ce qu'Oussama Ben Laden a fait hier dans sa cave, en Afghanistan[21] ? »

Gageons que ceux qui pourront se reconnaître dans l'emploi du temps de Thomas Friedman seront beaucoup moins nombreux que ceux dont la vie ressemble plutôt à celle de Ben Laden dans sa cave. Dans le même registre, mais dans le style précieux, l'écrivain péruvien et ex-candidat à la présidence de son pays, Mario Vargas Llosa, a tenu à chanter les louanges du cosmopolitisme élitaire de l'ère de la *globalization,* en relatant, dans le quotidien madrilène *El País,* l'exaltation qu'il ressent à chaque fois qu'il se rend à New York : une ville où il a « toujours eu le sentiment d'être au centre du monde » et où, heureusement, « les "œufs bénédictine" et le "Bloody Mary" sont toujours un délice dans cette relique de briques qu'est P. J. Clark's, sur la Troisième Avenue[22] ». Ému, le *New York Times* a publié une traduction écourtée de l'article.

En réalité, l'intensité exceptionnelle des émotions suscitées mondialement par la destruction des tours jumelles de Manhattan relève, au premier chef, de ce que l'on pourrait appeler la *compassion narcissique* : celle qui s'émeut beaucoup plus des calamités qui frappent les semblables que de celles des populations dissemblables ; celle qui s'émeut beaucoup plus, en l'occurrence, du sort des New-Yorkais que de celui des Irakiens, des Rwandais, ou encore des Afghans[23]. Situées au cœur même de la métropole par excellence du cosmopolitisme capitaliste, les tours du World Trade Center représentaient en quelque sorte les colonnes totémiques de la catégorie mondialisée des adeptes du *cosmopolitan bourgeois way of life.* Ils s'y sont massivement reconnus.

C'est cette compassion narcissique qui seule permet d'expliquer — au-delà de la compassion légitime envers tout être humain victime de la barbarie — l'intensité formidable, tout à fait exceptionnelle, des émotions et des passions qui s'emparèrent des « opinions publiques » et, d'abord, des faiseurs d'opinion, dans les pays occidentaux et dans les métropoles de l'économie mondialisée, à la suite des attentats du 11 septembre.

Seule cette compassion narcissique permet de comprendre comment, dans un pays comme la France, pourtant réputé nourrir un « anti-américanisme » virulent[24], le quotidien le plus prestigieux en soit venu à titrer son éditorial, publié en une au lendemain des attentats : « Nous sommes tous américains[25]. » Cette formule était porteuse d'une dualité de sens : à la fois compassion et fierté de manifester sa solidarité envers le pays dominant, le « parrain » à la famille duquel on est bien heureux d'appartenir (surtout lorsque sa colère est sur le point de se déchaîner) et auquel il n'est pas donné à tout le monde de pouvoir s'identifier[26]. C'est ce que Freud appelait « la satisfaction narcissique provenant de l'idéal culturel », qu'il commentait ainsi : « On a beau être un misérable plébéien accablé par les dettes et les services de guerre, on n'en est pas moins romain, on a sa part à la tâche de dominer d'autres nations et de leur prescrire des lois[27]. »

Certes, on ne manquera pas de faire remarquer que la compassion narcissique est une des choses du monde les mieux partagées, et qu'elle est loin de se limiter aux sentiments éprouvés dans certains pays et par certaines catégories à l'égard des victimes du 11 septembre. Oui, mais la singularité de la compassion narcissique des faiseurs d'opinion et autres « élites » des métropoles occidentales est qu'elle se drape dans la prétention d'un humanisme sans rivages, indifférent à la couleur de la peau ou à la religion. Et c'est du haut de cette prétention, plus élevée encore que ne l'étaient les tours du World Trade Center, qu'elle interpelle, sur un ton condescendant, les autres groupements humains et les somme de partager ses sentiments, au nom de cet humanisme dont elle postule avoir l'exclusivité et qui n'est trop souvent que l'expression déguisée de son ethnocentrisme.

C'est la compassion narcissique, en plus de la volonté servile de manifester sa solidarité zélée avec son « parrain », qui explique que l'Union européenne ait décrété une journée de deuil et trois minutes de silence pour 6 000 victimes sur le sol des États-Unis (selon les estimations du moment). Cette même Union européenne qui n'a observé aucune minute de silence pour les 7 000 massacrés de Srebrenica, pourtant « européens » eux-mêmes, et qui a fini par trouver des vertus à la sale guerre que mène la Russie en Tchétchénie, tandis que les centaines de milliers de personnes massacrées dans un pays comme le Rwanda l'ont à peine troublée et que les dizaines de milliers de victimes qui meurent en Irak tous les ans ne l'émeuvent guère — en nous limitant à ces exemples appartenant tous à sa périphérie géographique.

Cette Union européenne qui, avec les États-Unis et le reste des puissances mondiales, organise une véritable conspiration du silence autour d'une autre guerre, provoquant une catastrophe humanitaire d'ampleur génocidaire, dans son ex-empire colonial : au Congo-Kinshasa, où le nombre de morts causées directement et indirectement par la guerre en cours, depuis août 1998, s'approchait déjà, au printemps 2001, de 3 millions de personnes — oui, 3 millions de personnes en près de trois ans ! — selon une enquête réalisée par une source tout à fait crédible, l'International Rescue Committee, dont le siège est à New York[28].

Cette même Union européenne, qui partage avec les États-Unis et les autres pays riches la responsabilité de la non-assistance à populations en danger face à l'un des plus graves « biogénocides » de l'histoire : la pandémie de sida qui touche déjà plus de 28 millions de personnes en Afrique noire, dont moins d'une pour mille reçoit un traitement adéquat. Résultat : 2 300 000 décès dus au sida en Afrique noire au cours de la seule année 2001, première année du XXIe siècle, soit plus de deux « 11 septembre » par jour !

« Aux niveaux actuels d'intervention, le nombre des Africains morts du sida d'ici dix ans dépassera probablement la population totale de la France[29]. » À une telle échelle, la non-assistance à populations en danger constitue en soi un formidable crime contre l'humanité. Comment ne pas ressentir comme profondément indécent et écœurant ce spectacle du monde blanc tétanisé par l'émotion au regard des « 6 000 » victimes états-uniennes, tandis qu'il ne se soucie guère de l'épouvantable agonie de l'Afrique noire[30] ?...

Médiatisation et logique de guerre

Le corollaire inéluctable de cette première singularité des attentats de Washington et de New York, qui tient à la nature même de leurs cibles, c'est leur formidable médiatisation. Elle constitue leur seconde singularité. Or, cette médiatisation n'était pas seulement la conséquence naturelle du caractère « concentré » et « dramatique » du meurtre de masse de Manhattan, par contraste avec le caractère « dispersé » et « statistique » des victimes des fléaux qui frappent l'Afrique ou des victimes irakiennes de l'embargo américano-onusien, pour reprendre les expressions de l'article de *Foreign Affairs* cité plus haut. La surdramatisation des attentats du 11 septembre était aussi, et surtout, le produit de l'action délibérée des médias de la société du

« spectacle mondial », ce corollaire du marché mondial qu'avait annoncé Guy Debord[31].

Très vite, c'est une logique politique — une « logique de guerre » selon l'expression consacrée — qui a présidé à cette surdramatisation médiatique, dans la mesure même où il fallait occulter les atrocités impériales et la misère du monde, afin de mieux mettre en relief le Mal absolu à l'œuvre le 11 septembre, comme George W. Bush en avait donné le signal. C'est ainsi qu'après le record historique de médiatisation à chaud que fut celle des attentats contre New York et Washington, ceux-ci ont continué à être invoqués et montrés de manière récurrente, et le seront encore longtemps, afin de couvrir et de justifier les nouvelles atrocités commises par les États-Unis et leurs alliés en guise de représailles. La règle a été rappelée par Tony Blair, au moment où les sondages annonçaient un recul net de l'approbation des bombardements sur l'Afghanistan dans l'opinion publique britannique : « Sous tous les rapports, la justice et le droit sont de notre côté et nous avons une stratégie à mettre en œuvre. Il est important que nous n'oubliions jamais pourquoi nous le faisons. Il est important que nous n'oubliions jamais ce que nous avons ressenti en regardant les avions s'écraser sur les tours jumelles[32]. »

Et pour que personne n'oublie jamais, les médias se sont massivement acquittés de leur participation à « l'effort de guerre », celle-là même qu'un journaliste, censé exercer le métier de critique de télévision de l'autre côté de la Manche, a exaltée sans aucune gêne, comme en écho au Premier ministre britannique. « Que signifie, pour les médias, participer à l'effort de guerre ? Non point fermer les yeux sur les erreurs, les tâtonnements, les bavures de la riposte américaine. Les ouvrir, au contraire. Mais les ouvrir jour après jour, avec endurance [*sic*], sans jamais oublier l'image originelle de l'agression du 11 septembre[33]. »

Ou encore, parmi une infinité d'autres, ces exemples relatés dans un article du *Washington Post* sur la façon dont on continuait à utiliser des chiffres surestimés pour les victimes du 11 septembre, malgré la baisse importante du décompte (alors près de 4 000) — exemples qui témoignent d'une logique vengeresse beaucoup plus grave que la simple exagération des chiffres qui était l'objet de l'article :

« Lors d'une conférence de presse le 29 octobre, un journaliste a posé une question sur la "raison tactique" d'utiliser des bombes à fragmentation, dont les associations de défense des droits humains disent qu'elles peuvent tuer de grands nombres de civils, sans distinction. "Oui, c'est très simple", a répondu le général de l'US Air Force Richard B. Myers, chef de l'état-major interarmes. "Le 11 septembre, nous avons perdu plus de 5 000 personnes par suite d'un acte intentionnel. Nous menons maintenant une guerre mondiale contre le terrorisme."

En prévenant les correspondants de ne pas transformer les rapports sur les victimes civiles en Afghanistan en propagande pour les talibans, le président de CNN, Walter Isaacson, a dit : "Nous devons parler de la façon dont les talibans [...] ont hébergé les terroristes responsables du meurtre de près de 5 000 personnes innocentes."[34] »

Ainsi, selon cette moralité à géométrie variable plus que jamais dominante depuis que les va-t-en-guerre de l'Occident affichent des soucis « humanitaires », il est hautement immoral de relativiser le crime du 11 septembre en rappelant la longue liste des crimes commis par le gouvernement des États-Unis et partiellement évoqués par les auteurs des attentats. Un impératif éthique ordonne, en revanche, selon la même moralité, que l'on relativise les bombardements criminels de l'Afghanistan, en rappelant sans cesse le crime auquel ils sont censés répondre. Deux poids et deux mesures : sempiternelle iniquité de tous les égocentrismes, qu'ils soient ethniques ou sociaux.

Notes

1. Voir Richard Hofstadter, *The Paranoid Style in American Politics and Other Essays,* Harvard University Press, Cambridge (Mass.), 1996.

2. Stephen Pollard, « America-Haters Revert to Type », *Wall Street Journal Europe,* 25-26 janvier 2002. Dans le même genre, voir aussi l'article véhément du célèbre éditorialiste Charles Krauthammer, « The Jackals Are Wrong », *Washington Post,* 25 janvier 2002, où les « chacals » qui « hurlent » sont, bien sûr, les alliés européens.

3. Salman Rushdie, « Fighting the Forces of Invisibility », *Washington Post,* 2 octobre 2001.

4. Sur les récriminations des familles au sujet des sommes prévues (1,85 million de dollars par victime, en moyenne), voir Elissa Gootman, « In Last Days for Comment, Victim's Fund Is Under Fire », *New York Times,* 7 janvier 2002. L'article cite le représentant républicain Peter King, qui s'est érigé en avocat des familles des victimes, avec un argument pour le moins original : « Étant donné que le World Trade Center a été pris pour cible en partie parce qu'il était vu comme l'incarnation du succès financier, ceux qui ont réalisé un tel succès doivent voir cela reflété dans les sommes qui leur sont attribuées. "Ils étaient les symboles du capitalisme américain, les symboles du business américain, et ils ont été assassinés en raison de ce qu'ils étaient, a dit M. King. Ils ne devraient pas être privés maintenant de ce à quoi ils ont droit." »

Signalons quand même, pour ne pas en rester à cette note sordide, qu'un groupe de familles de victimes du 11 septembre s'est rendu en Afghanistan et œuvre à la création d'un fonds pour les victimes afghanes des bombardements états-uniens, démarche généreuse et louable, même si le fonds projeté n'est que de 20 millions de dollars (Lena Sun, « Sept. 11 Familles Ask Aid for Afghans », *Washington Post,* 30 janvier 2002).

5. Thomas Connor, « Terror Victims Aren't Entitled to Compensation », *Wall Street Journal,* 6 janvier 2002.

6. Les familles des fonctionnaires fédéraux reçurent, chacune, une centaine de milliers de dollars.

7. George W. Bush, « Address to a Joint Session of Congress and the American People », White House Office of the Press Secretary, Washington, 20 septembre 2001. L'attitude des États-Unis envers le conflit israélo-palestinien ayant été naturellement mise en cause après le 11 septembre, les inconditionnels d'Israël se sont vite mobilisés pour récuser ce lien, en adoptant le même type d'argumentation que George W. Bush, comme l'illustre, parmi beaucoup d'autres, l'article — d'inspiration raciste — de Norman Podhoretz, membre du comité de rédaction de *Commentary,* paru dans le *Wall Street Journal* le jour même du discours présidentiel devant le Congrès. L'article se terminait comme suit :

« Les Arabes [*sic*], c'est vrai, accusent les États-Unis de toutes sortes de crimes horribles. Mais comme quelqu'un l'a dit récemment, ce qui suscite vraiment leur hostilité n'est pas ce que l'Amérique a fait de mal, mais ce qu'elle a fait de bien. Pour eux, le régime démocratique et les libertés qui vont avec sont aussi corrupteurs que le système économique de l'Amérique. Ils veulent détruire tout cela, d'abord au Moyen-Orient même, et puis dans la plus grande partie possible du monde, de sorte que le mode de vie qu'ils croient dicté par Allah puisse se relever à nouveau des cendres et décombres, dans toute sa pureté sacrée. » Norman Podhoretz, « Israel Isn't the Issue », *Wall Street Journal,* 20 septembre 2001.

8. Dimitri Simes, « What War Means », *The National Interest,* n° 65, Spécial Thanksgiving 2001, p. 35-36. Cet article contient une critique décapante de la politique « humanitaire » de l'administration Clinton. Sur les motivations politiques de Ben Laden, voir les chapitres suivants.

9. André Glucksmann, *Dostoïevski à Manhattan,* Robert Laffont, Paris, 2002, p. 15-16. Parmi les perles « philosophiques » de même grosseur, on trouve dans cet ouvrage (p. 34) cette autre phrase pompeuse : « Nos kamikazes transforment l'avion de ligne en sous-bombe atomique, avec la désinvolture d'un Duchamp métamorphosant l'urinoir en œuvre esthétique par sa simple exposition dans une galerie d'art. Dans les deux

cas l'action sidère... » Moins que la réflexion de Glucksmann, cependant !

10. Naomi Klein, « Game Over », *The Nation Online,* 15 septembre 2001.

11. Sur la fonction politique de cette qualification de l'ennemi, voir Robert Worth, « A Nation Defined by Its Enemies », *New York Times,* 24 février 2002.

12. C'était dans un article publié, début octobre 2001, dans le magazine frivole *Max,* qui valut à son auteur les admonestations de la « classe politique » allemande et faillit lui coûter son poste, l'obligeant à faire publiquement un acte de contrition humiliant.

13. Dana Milbank, « Religious Right Finds Its Center in Oval Office », *Washington Post,* 24 décembre 2001.

14. L'Évangile selon saint Matthieu, 13.19, dans *La « Bible de Jérusalem »,* Cerf, Paris, 1961, p. 1307.

15. Elizabeth Bumiller, « Recent Bushisms Call for a Primer », *New York Times,* 7 janvier 2002.

16. John Mueller et Karl Mueller, « Sanctions of Mass Destruction », *Foreign Affairs,* vol. 78, nº 3, mai/juin 1999, p. 51.

17. *Ibid.*, p. 51-52. Les auteurs ajoutaient que la principale raison de l'insouciance de leurs compatriotes était cependant, à leur avis, qu'ils considéraient les sanctions comme « un moyen acceptable pour atteindre des objectifs désirables ».

18. Noam Chomsky, « Lakdawala Memorial Lecture » (Delhi), 3 novembre 2001, traduction française publiée sous le titre « Cette Amérique qui n'apprend rien » dans le supplément du journal *Le Monde,* 22 novembre 2001. La même idée avait été exposée préalablement dans d'autres interventions de Chomsky, dont son exposé au Technology & Culture Forum du MIT (Boston), le 18 octobre 2001 [traduction française partielle dans *Le Monde diplomatique,* décembre 2001]. Nul autre n'était mieux à même de juger de la dimension relative du meurtre de masse du 11 septembre que l'homme qui n'a cessé de dénoncer les crimes du gouvernement des États-Unis, avec tout le courage et la rectitude de celui qui s'acquitte du devoir moral de s'opposer en priorité au gouvernement de son propre pays, oppresseur direct d'une grande partie de l'humanité.

19. André Versaille, « Retour sur le territoire des Autres », avant-propos à Gérard Chaliand et Jean Lacouture, *Voyage dans le demi-siècle. Entretiens croisés avec André Versaille,* Complexe, Bruxelles, 2001, p. 12. Les deux dernières questions sont entre parenthèses dans l'original.

20. Voir Thomas Friedman, *The Lexus and the Olive Tree : Understanding Globalization,* éd. révisée et augmentée, Anchor Books, New York, 2000.

21. Thomas Friedman, « Terrorism Game Theory », *New York Times,* 25 septembre 2001.

22. Mario Vargas Llosa, « Novelista en New York », *El País,* 25 novembre 2001 (« Out of Many, New York », *New York Times,* 11 décembre 2001).

23. « Aux victimes des attentats et à leurs familles, on peut manifester sa profonde sympathie comme on le fait à ceux qui ont été victimes du gouvernement américain. Mais accepter, en quelque sorte, qu'une vie américaine ait plus de valeur que celle d'un Rwandais, d'un Yougoslave, d'un Vietnamien, d'un Coréen, d'un Japonais, ou d'un Palestinien... cela est inadmissible. » Tariq Ali, « A Political Solution Is Required », *The Nation Online,* 17 septembre 2001 (traduction française publiée dans *Le Monde,* 20 septembre 2001).

24. Toutefois, selon une étude réalisée par la Sofres pour la French-American Foundation, seuls 10 % de la population française relèveraient de « l'anti-américanisme ». Ils sont définis comme étant ceux qui associent aux États-Unis des notions telles que « la violence, les inégalités, le racisme et l'impérialisme », et qui « ne voient dans la politique étrangère américaine qu'un moyen pour les États-Unis d'imposer leur volonté au reste du monde et ne les créditent pas d'avoir la volonté de maintenir la paix dans le monde ou d'aider au développement de la démocratie dans les pays à économie émergente » (Philippe Méchet, « En France, l'anti-américanisme structuré apparaît minoritaire et politique », *Le Monde,* 6-7 janvier 2001). Avec une telle définition, il y a probablement autant, sinon plus, d'« anti-américains » parmi les citoyens des États-Unis que parmi les Français.

25. *Le Monde* paru le 12 septembre et daté du 13 septembre 2001, éditorial de Jean-Marie Colombani. Le quotidien a poussé le zèle solidaire jusqu'à publier, plusieurs jours durant, une page empruntée quotidiennement au *New York Times,* en langue anglaise — s'attirant les protestations de ses très nombreux lecteurs qui ne pratiquent pas cette langue.

26. C'est ainsi que le titre de l'éditorial du *Monde* a été compris par l'un des rédacteurs en chef de *Newsweek* : « Oui, les États-Unis avaient construit un système international et il était puissant : le nouvel ordre mondial de Bush père était après

tout réalisé. Tel était le sens de la réaction mondiale au désastre de septembre, résumé dans le titre poignant en une du *Monde* : “Nous sommes tous américains”. » Michael Hirsh, « America Adrift », dans *Foreign Affairs,* vol. LXXX, n° 6, novembre/ décembre 2001, p. 161.

27. Sigmund Freud, *L'Avenir d'une illusion,* dans *Œuvres complètes,* vol. XVIII, PUF, Paris, 1994, p. 153-154.

28. Les résultats de l'enquête sont publiés sur le site web de l'IRC. Voir aussi Karl Vick, « Death Toll in Congo War May Approach 3 Million », *Washington Post,* 30 avril 2001.

29. Barton Gellman, « An Unequal Calculus of Life and Death », *Washington Post,* 27 décembre 2000.

30. André Glucksmann ne saurait être accusé de se limiter à la compassion narcissique : il s'est dévoué avec mérite à la cause des Tchétchènes, et c'est à leur sujet que sont consacrées les meilleures pages de son ouvrage cité plus haut. Toutefois, il offre une illustration saisissante de « la paille et la poutre », en ne dénonçant que les crimes commis par les Russes, Chinois et autres Nord-Coréens, sans un mot de compassion dans son livre pour les victimes des États de l'OTAN et assimilés, comme les Kurdes et les Palestiniens. Ainsi écrit-il : « Landru, pour quelques dizaines de victimes, suscite une réprobation éclatante et unanime. Pas le dictateur de Corée du Nord, qui condamne à mort, par la famine, deux à trois millions (qui sait ? et qui s'y intéresse ?) des siens. Pas le gouvernement chinois, qui laisse le sida dévaster, pendant des années, une immense province afin de préserver les cadres responsables du désastre. » (*Dostoïevski à Manhattan, op. cit.,* p. 184.) Et le million d'Irakiens déjà morts des suites de l'embargo ? Quant au sida...

31. Guy Debord, *La Société du spectacle,* Gallimard, Paris, 1992, § 145, p. 144.

32. Tony Blair, « Discours du Premier ministre sur le conflit en Afghanistan » devant l'Assemblée nationale du pays de Galles, 30 octobre 2001.

33. Daniel Schneidermann, « Effort de guerre », *Le Monde,* éditorial du supplément télévision du 4-5 novembre 2001. En matière de paille et de poutre, signalons également cette diatribe contre la chaîne de télévision arabe Al-Jazira, publiée dans le supplément dominical du *New York Times,* qui a le culot de reprocher, entre autres, à la chaîne qatarie d'avoir « diffusé et rediffusé les images bouleversantes de l'enfant de douze ans, Mohammed al-Durra, qui fut atteint par balle à Gaza et mourut

dans les bras de son père », Fouad Ajami, « What the Muslim World Is Watching », *New York Times Magazine,* 18 novembre 2001.

34. Shankar Vedantam, « Discourse Does Not Match Falling Sept. 11 Death Toll », *Washington Post,* 22 novembre 2001.

PÉTROLE, RELIGION, FANATISME ET APPRENTIS SORCIERS

Il est de notoriété publique, à présent, que le réseau Al-Qaida et son financier et guide suprême, Oussama Ben Laden, sont d'ex-alliés des États-Unis, qui les ont utilisés dans leur guerre par procuration, menée pendant dix ans contre l'Union soviétique en Afghanistan. La meilleure description de ces rapports reste un ouvrage qui a le mérite d'avoir été publié en 1999, deux ans avant le 11 septembre, et qui a été copieusement cité ou plagié depuis cette date. Il s'agit de l'ouvrage de John Cooley, *Unholy Wars : Afghanistan, America and International Terrorism,* dont la couverture était déjà ornée d'un portrait du désormais mythique Ben Laden[1].

L'auteur, correspondant de la chaîne de télévision états-unienne ABC News, est un fin connaisseur des pays arabes et du monde musulman qu'il a parcourus et couverts durant plusieurs décennies. Son livre décrit l'enchaînement fatal par lequel, au cours des vingt années qui suivirent l'invasion soviétique de l'Afghanistan, en décembre 1979, la guerre victorieuse entreprise contre Moscou par les *moudjahidin* — c'est-à-dire ceux qui pratiquent le djihad — avec le soutien de Washington et de ses vassaux musulmans, mais aussi des alliés français et chinois, allait déboucher sur la formation d'une nébuleuse terroriste prenant pour cible les sponsors de la victoire. John Cooley démêle magistralement l'écheveau de cette saga islamique, sans en omettre aucun aspect : tout est relaté, tant le recrutement des combattants que leur entraînement, leur armement et leur financement, ainsi que les circonstances politiques de leur retournement contre les différents pays concernés.

Le dernier chapitre, intitulé « The Assault on America », se concluait par un avant-dernier paragraphe prophétique :

« De Peshawar, Islamabad et Kaboul jusqu'à Khartoum, Le Caire, Alger, Moscou, l'Asie centrale, Manille, New York et enfin, Nairobi et Dar es-Salaam, la piste des vétérans de la guerre afghane était longue et tachée de sang. On peut soutenir que l'Union soviétique de Leonid Brejnev, en envahissant l'Afghanistan en décembre 1979, avait scellé son propre destin. Les historiens pourraient conclure que ce n'était pas le péché originel, mais plutôt le péché final, et l'erreur terminale, d'une Union soviétique agonisante. Elle donna à l'Amérique une ouverture pour une croisade, menée par des mercenaires musulmans, qui se retournèrent ensuite contre leurs bailleurs de fonds et employeurs. Le monde continuera à faire l'expérience de ce choc en retour [*blowback*] de la guerre d'Afghanistan de 1979-1989 bien après le début du nouveau siècle[2]. »

Les apprentis sorciers

Ces mercenaires musulmans des États-Unis et de leurs clients et alliés, qui se retournent contre leurs employeurs, évoquent irrésistiblement l'image de la « mutinerie indienne » ou « révolte des cipayes » de

1857-1858, lors de laquelle les unités indigènes de l'armée britannique des Indes, les cipayes ou *sipahi*, se révoltèrent contre leurs officiers. La presse anglaise de l'époque poussa les grands cris contre les agissements de ces mutins « barbares ». En ce temps-là, un certain Karl Marx, résident londonien, commenta l'événement pour le journal new-yorkais dont il était collaborateur, avec des accents qui font de lui, dans ce registre, un précurseur de Noam Chomsky. Son commentaire mérite d'être cité, tant il est pertinent par rapport au 11 septembre. Il commence ainsi :

« Les outrages commis par les cipayes révoltés en Inde sont réellement épouvantables, affreux, indicibles — comme ceux qu'on ne s'attend à voir que dans les guerres de mutinerie, de nationalités, de races, et pardessus tout de religion ; en un mot, comme ceux que la respectable Angleterre avait coutume d'applaudir lorsqu'ils étaient perpétrés par les Vendéens contre les "Bleus", par les guérilleros espagnols contre les Français infidèles, par les Serbes contre leurs voisins allemands et hongrois, par les Croates contre les rebelles viennois, par la garde mobile de Cavaignac ou les décembristes de Bonaparte contre les fils et les filles de la France prolétarienne. Aussi infâme que soit la conduite des cipayes, elle n'est que le reflet, sous une forme concentrée, de la propre conduite de l'Angleterre en Inde, non seulement durant l'époque de la fondation de son Empire d'Orient, mais même durant les dix dernières années de son long règne. Pour caractériser ce règne, il suffit de dire que la torture forma une institution organique de sa politique financière. Il y a, dans l'histoire humaine, quelque chose qui ressemble au châtiment ; et c'est une règle du châtiment historique que son instrument soit forgé non par les opprimés, mais par l'oppresseur lui-même[3]. »

Cette « règle du châtiment historique », qu'observait Marx, devrait toutefois être complétée par la constatation que ce sont, trop souvent, des opprimés du pays de l'oppresseur qui payent pour les crimes de ce dernier. C'est ainsi que les morts du 11 septembre sont, en dernière analyse, doublement victimes : à la fois des kamikazes terroristes et du gouvernement états-unien, qui a incubé ces derniers. Le propos de Marx consistait, cependant, à souligner, à l'encontre de l'hypocrisie régnante dans le pays oppresseur, la responsabilité fondamentale du gouvernement de ce même pays. Le reste de son article le montre bien. Il se conclut par ce commentaire acerbe sur l'indignation affichée par le principal journal britannique de l'époque :

« Le *Times* de Londres en rajoute, et non seulement par panique. Il fournit à la comédie un sujet auquel Molière lui-même n'avait pas pensé, le Tartuffe de la vengeance. [...] John Bull [l'équivalent britannique de l'Oncle Sam] doit être immergé dans des cris de vengeance jusqu'à ses oreilles, pour lui faire oublier que son gouvernement est responsable du mal qui couvait et des dimensions colossales qu'on lui a permis d'acquérir[4]. »

Les cris de vengeance qui ont saturé les médias, aux États-Unis, ont servi, de même, à occulter le fait que leur gouvernement est « responsable du mal qui couvait et des dimensions colossales qu'on lui a permis d'acquérir ». Or, la vérité est indéniable : Washington et Langley (siège de la CIA) ont contribué à créer et entretenir un mouvement, qui s'est retourné contre eux. Le réseau Al-Qaida représente la frange la plus fanatique et la plus violente de l'intégrisme islamique international, frange naguère enrôlée pour dix ans de combat sans merci, en Afghanistan, contre une armée soviétique ne faisant elle-même point de quartier.

Fanatiques illuminés ou délinquants (re)convertis[5], de nombreux membres du réseau Al-Qaida, une fois démobilisés en Afghanistan à la fin de la guerre contre les Soviétiques et leurs alliés, ont tourné leurs armes contre les gouvernements de leurs pays d'origine : Algérie, Arabie « saoudite[6] », Chine, Égypte, Ouzbékistan, Philippines, Russie, Tadjikistan, Tchétchénie, Tunisie, etc. Ils ont rejoint ou contribué à fonder, dans chacun de ces pays, des réseaux locaux, adeptes de la lutte armée et de cet assassinat de civils à des fins politiques ou idéologiques que l'on appelle communément « terrorisme ». Financés durant la guerre d'Afghanistan par des sources à la fois étatiques et privées — au premier chef, par le gouvernement des États-Unis et ses protégés saoudiens, ainsi que par des donateurs privés du royaume saoudien et d'autres monarchies pétrolières et pays musulmans, incités par leurs gouvernements comme par les instances religieuses de leurs pays — les réseaux du fanatisme islamique armé ont vu se tarir leurs sources de financement étatiques, après la fin de leur mission anticommuniste.

Dans la poursuite de leur combat, cette fois contre des gouvernements alliés de l'Occident, ils ont réussi à maintenir — par sympathie avec leur cause, ou par intimidation, ou encore par détournement de dons de charité — une partie du financement privé dont ils bénéficiaient. Ils ont utilisé des méthodes de transfert occulte de fonds et de blanchiment d'argent sale, produit de divers trafics, dont celui de la drogue — toutes méthodes que, longtemps avant eux, la CIA avait pratiquées et qu'elle leur avait inculquées au cours de la guerre antisoviétique. En alliance avec la monarchie saoudienne, la dictature militaire qui gouverne le Pakistan, tantôt officiellement, tantôt officieusement, a cherché à contrôler le brasier afghan et à maîtriser l'exportation de terroristes dont il était devenu la source, à l'instar du brasier libanais auparavant. À cette fin, elle a soutenu la marche sur Kaboul des intégristes fanatisés dans les camps de réfugiés afghans au Pakistan, par les soins de Riyad et d'Islamabad : les talibans. La conquête de la majeure partie du pays par ces derniers, de 1994 à 1996, s'est faite avec la bénédiction de Washington, inspirée par des considérations tant politiques que pétrolières, avant que les talibans ne s'avèrent, à leur tour, incontrôlables.

Tous ces faits sont maintenant bien connus, et l'ouvrage de John Cooley les avait déjà décrits avec force détails. Ils relèvent tous de cette même figure allégorique illustrée par la ballade « L'Apprenti sorcier » (« *Der Zauberlehrling* ») de Goethe comme par son équivalent romanesque, *Frankenstein ou le Prométhée moderne* de Mary (Wollstonecraft) Shelley : dans les deux récits, la créature échappe à son créateur et se retourne contre lui. Cependant, à la différence des personnages candides de l'Apprenti sorcier et de Victor Frankenstein (qui, contrairement à la confusion courante, n'est pas le monstre, mais celui qui le créa à partir de morceaux de cadavres), le démiurge washingtonien est lui-même monstrueux. Ce Frankenstein de notre temps savait pertinemment qu'en assemblant des éléments produits par la décomposition de diverses sociétés musulmanes, il créait et nourrissait un monstre. Et pour cause : c'était bien dans le but que celui-ci accomplisse, pour le compte de son créateur, les basses œuvres que ce dernier n'était pas en mesure d'accomplir lui-même. Le démon a fini, toutefois, par se retourner contre son démiurge. Ce faisant, il a assassiné, le 11 septembre 2001, des milliers d'hommes et de femmes qui n'étaient responsables en rien des agissements du gouvernement des États-Unis.

Un Texas islamique

Le réseau Al-Qaida n'est d'ailleurs que l'un des avatars enragés d'une mouvance politique entretenue par Washington depuis plus d'un demi-siècle : l'intégrisme islamique. Par une ironie de l'histoire, les kamikazes du 11 septembre étaient pour la plupart — quinze sur dix-neuf — des sujets « saoudiens », de même que leur guide suprême Ben Laden (qui a été déchu de sa nationalité en 1994). Or le royaume saoudien est l'un des plus anciens partenaires des États-Unis dans le monde. Issu de l'alliance scellée au XVIIIe siècle entre la prédication islamique hanbalite[7] ultra-rigoriste de Mohammad Ben Abdel-Wahhab et la chefferie tribale de Mohammad Ben Saoud, le royaume fut fondé sur le territoire conquis au cours des premières décennies du XXe siècle par Abdel-Aziz Ben Abdel-Rahman, plus connu sous le nom d'Ibn Saoud. Il fut proclamé sous l'appellation de Royaume arabe saoudien en 1932, du nom de la dynastie des Al Saoud (la maison des Saoud) qui se réfère au prénom de son ancêtre fondateur.

À cette époque, la découverte du pétrole dans la région du golfe Arabo-Persique et l'importance économique grandissante de cette matière première énergétique avaient suscité une forte rivalité entre les intérêts britanniques, installés depuis longtemps dans la région, et les États-Unis, arrivés sur le tard. Longtemps laissée-pour-compte des dominations étrangères dans la région, la vaste zone désertique de la péninsule arabique commença à attirer les convoitises impérialistes. Il échut à la compagnie pétrolière américaine Standard Oil of California (Socal, ancêtre de Chevron) d'obtenir le premier contrat de concession accordé par Ibn Saoud, en 1933. La Socal avait surenchéri sur ses rivales à dominante britannique, en prenant un risque certain, car les richesses pétrolières du royaume n'étaient encore qu'hypothétiques[8]. La même année 1933, le gouvernement états-unien établissait des relations diplomatiques avec le royaume saoudien. Ce fut le début d'une alliance qui dure jusqu'à nos jours.

Durant la Seconde Guerre mondiale, le royaume allait gagner considérablement en importance stratégique aux yeux des États-Unis, du fait du bond de la consommation mondiale de pétrole conjugué à la découverte de l'ampleur des ressources pétrolières que son sol recelait. Dès 1943, le gouvernement états-unien en guerre manifestait son intérêt stratégique pour le royaume, et prenait la décision de construire une importante base aérienne à Dharan[9], près des installations de l'Aramco (Arabian-American Oil Company), la *joint-venture* entre la Socal et Texaco, qui deviendra bien vite un État dans l'État. Depuis lors, l'engagement des États-Unis à protéger le royaume saoudien a été réaffirmé, et vérifié dans la pratique, à maintes reprises.

« L'expansionnisme soviétique — tel qu'il était et tel qu'il aurait pu être — fit passer le Moyen-Orient au premier plan. Pour les États-Unis, les ressources pétrolières de la région représentaient un intérêt non moins vital, à sa façon, que l'indépendance de l'Europe occidentale ; et les champs de pétrole du Moyen-Orient devaient être préservés et protégés à l'ouest du rideau de fer pour assurer la survie économique de l'ensemble de l'Occident. [...]

L'Arabie saoudite devint le souci dominant des dirigeants américains. C'était, dit un officiel américain en 1948, "ce qui est probablement la prime [*prize*] économique la plus riche du monde en matière d'investissement à l'étranger"[10]. »

Si, de son côté, Ibn Saoud avait choisi de privilégier l'alliance avec Washington, ce n'était pas seulement

L'américaine

parce qu'il avait de bonnes raisons de se méfier des Britanniques, dont il avait combattu l'allié arabe principal, la dynastie hachémite, rivale des Al Saoud, alors au pouvoir en Irak et en Transjordanie. C'était aussi en vertu d'« affinités électives » que dénote bien un épisode relaté dans la volumineuse histoire de l'industrie pétrolière, rédigée par Daniel Yergin : c'est le contraste entre les deux rencontres en 1945, à trois jours d'intervalle, de Franklin Roosevelt (sur le chemin du retour de Yalta) et de Winston Churchill, avec Ibn Saoud. Tandis que le président américain se montra soucieux de respecter les convictions religieuses de son interlocuteur saoudien, le Premier ministre britannique tint à boire de l'alcool et à fumer le cigare en présence de son austère hôte royal[11].

Cette anecdote révèle de façon symptomatique une différence importante entre le Royaume-Uni et les États-Unis : la secte presbytérienne rigoriste des puritains, qui a des points communs avec le wahhabisme, avait été persécutée par la monarchie anglaise aux XVIe et XVIIe siècles et avait constitué une des sources premières de la colonisation européenne de l'Amérique du Nord, comme l'atteste symboliquement l'épisode célèbre du *Mayflower* (1620). La contribution à l'histoire des États-Unis d'Amérique de courants religieux du type aujourd'hui appelé « intégriste » (ou « fondamentaliste », selon l'expression anglaise) est connue. Jusqu'à nos jours, l'évolutionnisme d'origine darwinienne sent encore le soufre dans plusieurs États membres de l'Union, et beaucoup continuent à lui opposer le « créationnisme scientifique » ; les mêmes veulent imposer la prière obligatoire dans les écoles.

C'est la tolérance religieuse, plutôt que la laïcité, qui se situe au cœur de l'édifice institutionnel des États-Unis, un pays où les sessions du Congrès sont ouvertes par des prières et où la croyance en Dieu est affichée jusque sur la monnaie nationale, le dollar. « Nous avons un État laïque — nos responsables gouvernementaux ne sont pas, en même temps, des responsables religieux — mais nous sommes, de loin, la société la plus religieuse du monde occidental », se vantaient récemment plusieurs des grands noms de l'intelligentsia états-unienne dans un manifeste collectif[12].

Par exigence de fonction en quelque sorte, les locataires de la Maison-Blanche sont, par conséquent, bien prédisposés à faire preuve de « compréhension » à l'égard de l'intégrisme islamique de leurs protégés et clients saoudiens. Et ce d'autant plus que l'intérêt du royaume pour Washington n'a cessé de croître : longtemps premier fournisseur étranger de pétrole des États-Unis, aujourd'hui en concurrence avec le Canada et le Venezuela pour la première place, le royaume saoudien a une balance commerciale quasi équilibrée avec son protecteur, du fait notamment de ses énormes importations d'armes et de ses contrats avec les firmes de construction américaines, qui ont progressé de façon impressionnante depuis le boom pétrolier de 1974. Avec aujourd'hui le neuvième budget militaire du monde, le royaume saoudien a été, sur la période des dernières années, le principal importateur d'armes du monde et le principal acheteur d'armes américaines, scellant ainsi sa « complémentarité » avec son protecteur, principal exportateur mondial d'armements.

L'intérêt du royaume pour Washington a été très bien résumé dans un rapport récent de l'organisation états-unienne des droits de l'homme, Human Rights Watch :

« Pour les États-Unis, l'Arabie saoudite, en tant que principal exportateur mondial de pétrole, est un allié vital. Plus de la moitié des exportations de pétrole brut du royaume et la majeure partie de ses produits pétroliers raffinés vont en Asie, tandis que les États-Unis reçoivent de l'Arabie saoudite 17 % de leurs importations de brut. Les exportations états-uniennes de marchandises civiles et militaires vers ce pays se sont élevées à 6,23 milliards de dollars en l'an 2000, selon l'ambassade des États-Unis à Riyad, et les investissements dans le royaume des multinationales basées aux États-Unis totalisent près de 5 milliards de dollars. Les investissements saoudiens aux États-Unis atteignent 500 milliards de dollars environ, consistant principalement en actions et obligations, dépôts bancaires et placements fonciers, selon les officiels états-uniens. L'Arabie saoudite est, de loin, le principal client des exportations états-uniennes d'armes parmi les pays en développement, avec des livraisons d'une valeur de plus de 28 milliards de dollars en 1993-2000, selon le dernier rapport annuel sur les transferts d'armes du Congressional Research Service[13]. »

Il faut ajouter que l'intérêt pétrolier du royaume pour les États-Unis ne se limite pas à leurs rapports commerciaux directs : le rôle clé que joue l'Arabie « saoudite » sur le marché pétrolier mondial, en tant que pays disposant de la plus grande marge de variation de ses exportations de pétrole, est tout à fait fondamental pour Washington. Le royaume a souvent agi sur ce marché en fonction des besoins de l'économie américaine. Il est d'ailleurs directement intéressé à la bonne performance de celle-ci et à la tenue du dollar, étant donné que la majeure partie de ses énormes avoirs à l'étranger sont placés aux États-Unis[14].

Les dépenses militaires du royaume saoudien sont la contrepartie nécessaire de ses rapports pétroliers et financiers avec sa puissance tutélaire. Il s'agit, en effet, d'un « royaume protégé » au sens historique de la formule. Les dépenses militaires saoudiennes représentent, en majeure partie, la contribution directe du royaume aux frais de sa protection militaire par les

États-Unis, dans une « interdépendance asymétrique » selon la bonne formule de Zbigniew Brzezinski :

« Nous avons besoin de leur pétrole, et nous devons, par conséquent, nous assurer de leur amitié, et sommes donc engagés dans la protection de leur sécurité. Ils sont eux, en même temps, presque complètement dépendants de nous pour leur sécurité dans une région où ils sont vulnérables et très riches. Il y a donc ici une sorte curieuse d'interdépendance, bien qu'asymétrique[15]. »

Les contrats militaires conclus par le royaume avec les États-Unis, au cours de la seconde moitié du XXe siècle, portent sur la maintenance (hors pièces de rechange), la formation et la construction, à hauteur de 50 % environ de leurs montants, le reste seulement étant consacré au matériel fourni[16]. Un exemple édifiant est le contrat de 1981 portant sur l'acquisition par le royaume de cinq avions-radars AWACS, qui s'élevait à dix fois le prix de vente des avions (soit 5,5 milliards de dollars, pour 550 millions), comme l'avait découvert un journaliste du *Washington Post*[17]. De fait, ces contrats d'armement ont servi à financer la construction d'installations militaires, ainsi que le prépositionnement de matériel militaire, mis à la disposition des forces armées américaines — ce qui explique la facilité et la rapidité avec lesquelles elles ont pu, en 1990, déployer et rendre opérationnelle sur le territoire saoudien une formidable armada.

En effet, après que la révolution iranienne de 1979 eut sonné le tocsin, tant à Riyad qu'à Washington, l'administration Carter avait décidé de mettre sur pied une force de réaction rapide prête à intervenir dans la région du Golfe, et de construire, dans le royaume saoudien même, l'infrastructure nécessaire à cette intervention rapide, comme l'a expliqué le même Brzezinski, qui fut le conseiller à la sécurité nationale de Jimmy Carter :

« Nous avons développé, par conséquent, la proposition de la force de déploiement rapide, ainsi qu'une proposition d'arrangements pour le prépositionnement de quelques facilités, équipements et facilités logistiques dans la région. Nous n'avons pas demandé de bases, mais un accès qui, en fait, n'était pas si différent du point de vue opérationnel[18]. »

Le royaume saoudien se lança alors, dans les années 1980, dans une frénésie de dépenses militaires, favorisée par la hausse brutale des prix pétroliers dans la foulée de la révolution iranienne et du début de la guerre entre l'Irak et l'Iran. Cette frénésie constitua le pendant régional de la prodigalité militaire de l'administration Reagan. Lawrence Korb, qui fut membre de cette dernière, en tant qu'adjoint du secrétaire à la Défense Caspar Weinberger, a bien résumé la fonction réelle des dépenses saoudiennes de cette époque :

« Ce que les Saoudiens ont permis aux États-Unis de faire dans cette partie du monde, c'était de construire une infrastructure de facto en achetant des aérodromes, en achetant des ports ultramodernes, en achetant beaucoup d'équipements américains, théoriquement pour l'usage de leurs propres forces, qui utiliseraient le même type de facilités que celles dont nos forces avaient besoin. Donc, en fait, nous avions une réplique des aérodromes et des ports états-uniens dans cette partie du monde, payés par les Saoudiens pour être utilisés par les États-Unis quand nous aurions à nous rendre sur place[19]. »

Et lorsque les forces armées états-uniennes eurent à se rendre sur place pour la guerre du Golfe, en 1990-1991, le royaume saoudien dépensa 55 milliards de dollars au total — dont une majeure partie afin de couvrir les frais des troupes américaines sur son sol, et 17 milliards versés directement aux États-Unis comme contribution au financement de leur effort de guerre.

Le royaume contribue d'ailleurs au financement du budget états-unien, depuis de longues années, par l'acquisition massive d'obligations du Trésor américain. Ce fut le cas, en particulier, durant les années de déficits budgétaires record dus aux dépenses militaires sous Ronald Reagan. En somme, tout bien pesé, le royaume saoudien peut légitimement être considéré comme un 51e État des États-Unis d'Amérique[20], un Texas islamique en quelque sorte.

La propagation de l'intégrisme islamique

Cet État américain *sui generis* reposait, depuis sa création, sur une dualité de pouvoirs, dans la continuité du pacte fondateur scellé entre le cheikh Mohammad Ben Saoud et le prédicateur Mohammad Ben Abdel-Wahhab au XVIIIe siècle. La maison des Saoud s'est assuré le contrôle de l'économie, de la défense et de la politique étrangère du royaume, tandis qu'elle accordait à l'institution religieuse wahhabite la haute main sur les affaires religieuses, l'éducation et la réglementation de la vie quotidienne. Cette dualité n'a pas toujours fonctionné de façon harmonieuse, cependant : lorsque les *Ikhwan* (« Frères ») wahhabites constituaient encore une force armée, au temps où Abdel-Aziz Ibn Saoud les conduisait en personne dans ce qui était une guerre de conquête tribale, ils en vinrent à contester l'homme qui s'était proclamé roi en 1926, pour n'avoir pas respecté leur refus absolu de toute invention moderne — qui n'est pas sans rappeler celui de la secte anabaptiste des amish, aux États-Unis. Ibn Saoud dut les domestiquer en ayant recours à divers moyens, dont l'usage de la force.

La montée du nationalisme arabe républicain et progressiste dans les années 1950 — sous la direction du charismatique Gamal Abdel Nasser, qui avait renversé la monarchie égyptienne en 1952 — et son alliance avec l'Union soviétique à partir du milieu de la décennie allaient enrayer la tendance au divorce entre la maison des Saoud et l'institution wahhabite. Celle-ci apparut dès lors comme le meilleur rempart idéologique et social de la monarchie saoudienne contre l'anti-impérialisme arabe, accusé d'adhérer au « communisme athée ». Elle fut perçue comme tel par les parrains états-uniens du royaume, qui encouragèrent leurs protégés à s'appuyer sur elle.

Dès lors, l'intégrisme islamique — la plupart de ses variantes ayant été fédérées par les wahhabites — deviendra l'instrument idéologique principal de la lutte anticommuniste et antinationaliste dans l'ensemble du monde musulman, que Washington orchestrera en s'appuyant sur Riyad. Cette jonction était d'ailleurs congénitale à l'émergence de l'intégrisme islamique dans sa version politique contemporaine, sous la forme du mouvement des Frères musulmans *(al-Ikhwan al-muslimun),* né en Égypte à la fin des années 1920, dont l'inspirateur idéologique, Rachid Ridha, tenant de la version la plus réactionnaire de la *salafiyya* (doctrine du retour à l'islam des premiers temps), fut fasciné par l'expansion wahhabite et noua des rapports avec Ibn Saoud[21].

La vocation internationale de la politique islamique du royaume était inscrite d'emblée dans son statut de protecteur des lieux saints de l'islam, et notamment de La Mecque, destination que tout musulman pratiquant doit visiter au moins une fois dans sa vie, ce pèlerinage constituant l'un des cinq « piliers » de sa religion. Le contrôle de la province du Hedjaz, sacrée entre toutes aux yeux de l'islam, par la secte minoritaire et fanatique des wahhabites, n'est pas allé sans poser de problèmes. C'est pour calmer les appréhensions et établir

l'intégrisme islamiste

un consensus autour de la gestion saoudienne des lieux saints qu'Ibn Saoud organisa à La Mecque, dès 1926, un Congrès islamique regroupant les organisations religieuses islamiques de divers pays à population musulmane majoritaire ou minoritaire.

En 1962, au plus fort de la « guerre froide arabe[22] » et de l'opposition violente entre une monarchie saoudienne, protégée par les États-Unis, et une Égypte nassérienne, alliée à l'Union soviétique et en pleine radicalisation (c'est l'année de la Charte nationale égyptienne, proclamant un « socialisme » combiné au nationalisme arabe et à l'anti-impérialisme), le royaume saoudien et l'institution wahhabite fondèrent la Ligue du monde islamique, regroupant diverses institutions et associations islamiques de plusieurs pays, à l'instar du Congrès de 1926. La Ligue devint le vecteur d'une alliance entre les wahhabites et les Frères musulmans, dont plusieurs dirigeants, fuyant les pays où les nationalistes avaient pris le pouvoir, furent hébergés dans le royaume saoudien. Elle contribua à la propagation de l'islam réactionnaire contre le nationalisme populiste, avec l'appui de la CIA.

Le coup mortel porté au nassérisme par la victoire israélienne dans la guerre des Six Jours, en juin 1967, parachevé par la mort de Nasser en 1970, puis la flambée des prix pétroliers par suite de la quatrième guerre israélo-arabe d'octobre 1973 renforcèrent considérablement l'influence du royaume saoudien dans les mondes arabe et musulman. Toutefois, la « révolution islamique » iranienne de 1979 allait confronter les dirigeants saoudiens à un défi idéologique inattendu : sur le modèle du khomeinisme, le radicalisme anti-occidental allait dorénavant se trouver lui-même combiné avec l'intégrisme islamique, et ce au moment même où l'Union soviétique paniquée sortait pour la première fois de son domaine impérial de l'après-1945 pour envahir un pays musulman : l'Afghanistan. Dans ces conditions inédites, l'entreprise idéologique saoudo-wahhabite allait s'engager dans une surenchère de radicalité avec l'intégrisme islamique d'inspiration khomeiniste, en opposant son fanatisme à dominante anticommuniste au fanatisme à dominante anti-occidentale de ce dernier, chaque fanatisme déteignant sur l'autre comme c'est souvent le cas en situation de concurrence. La guerre islamo-soviétique d'Afghanistan fut le terrain principal de cette surenchère, toujours avec l'appui de la CIA.

Les États-Unis sont ainsi directement responsables de la résurgence de l'intégrisme islamique anti-occidental, qui s'est manifestée, depuis une trentaine d'années, en deux vagues successives : une première dans les années 1970, dont la révolution iranienne marqua l'apogée, puis une seconde dans les années 1990 dont le 11 septembre et son onde de choc constituent un pic. Les États-Unis en sont même doublement responsables, parce que tout en contribuant eux-mêmes, directement, à la propagation de l'intégrisme islamique, ils ont aussi contribué à la défaite et à l'écrasement de la gauche et du nationalisme progressiste dans l'ensemble du monde musulman, laissant ainsi le champ libre à l'islam politique comme unique vecteur idéologique et organisationnel du ressentiment populaire. Or le ressentiment populaire, comme la nature, a horreur du vide. Et la résurgence de l'intégrisme islamique n'est pas la forme culturellement inéluctable de la radicalisation des peuples musulmans, mais bien le succès par défaut d'une idéologie naguère honnie après que ses concurrentes eurent été éliminées par l'adversaire commun.

Le discrédit idéologique mondial des valeurs socialistes pour cause d'effondrement du système stalinien ; la faillite spécifique ou la marginalité de l'ensemble des courants de gauche dans le monde musulman; la pente de l'intégrisme islamique bien huilée par Washington et Riyad; un contexte de crise économique et d'insécurité sociale croissante, sur fond de déréglementation néolibérale à l'échelle mondiale; le tout aggravé par l'affront subi au quotidien par des populations musulmanes, qui s'identifient aux Palestiniens ou aux Irakiens — tous ces facteurs conjugués ont produit un mélange hautement explosif sous la forme de la contestation islamique anti-occidentale la plus virulente. Dans de telles conditions, « l'opium du peuple » que le jeune Marx avait conçu comme un narcotique à effet sédatif — la religion étant « l'auréole » d'une « vallée de larmes » — peut devenir un puissant excitant, et « le soupir de la créature opprimée » peut se transformer en son cri de rage[23]. Les couches plébéiennes, ainsi que les classes moyennes, qui sont d'autant plus enragées qu'elles subissent une perte douloureuse de statut et de repères, constituèrent le vivier naturel de cette manifestation de la haine sociale, nationale et culturelle.

Ceux qui crurent pouvoir utiliser « l'opium du peuple » contre le « communisme » — de la même façon que la CIA utilisa l'opium, au sens propre, contre les troupes soviétiques en Afghanistan — finirent ainsi par en subir le choc en retour. À cet égard, la figure la plus emblématique de l'Apprenti sorcier était Anouar al-Sadate qui, après avoir utilisé les courants intégristes islamiques contre la gauche égyptienne et les nassériens avec les encouragements politiques et financiers du royaume saoudien et des parrains washingtoniens, finit par être assassiné lui-même par des intégristes enragés. Les autres illustrations du même phénomène, y compris la complicité israélienne dans l'émergence du Hamas, sont trop nombreuses pour être toutes relatées ici. Aujourd'hui,

Sadate a été détrôné par le 11 septembre, illustration suprême de la même allégorie du retournement d'un phénomène contre son créateur.

Interprétations de l'intégrisme islamique

La crête de la première vague de résurgence de l'intégrisme islamique suscita un vaste débat, qui se poursuit encore, quant à l'analyse du phénomène. J'ai moi-même formulé, il y a plus de vingt ans, une analyse marxiste, dont s'inspirent les lignes ci-dessus. Elle me semble résister à l'épreuve du temps et je me permettrai à ce titre d'en citer ici de larges extraits, malgré leur caractère quelque peu jargonnant dû au contexte militant. L'analyse s'appuyait sur une intuition exprimée dans le *Manifeste du parti communiste* de Marx et Engels : « Les classes moyennes, petits fabricants, détaillants, artisans, paysans, tous combattent la bourgeoisie parce qu'elle est une menace pour leur existence en tant que classes moyennes. Elles ne sont pas révolutionnaires, mais conservatrices ; bien plus, elles sont réactionnaires : elles cherchent à faire tourner à l'envers la roue de l'histoire[24]. »

Commençant par définir l'intégrisme islamique et en souligner la diversité des formes et courants, elle poursuivait ainsi :

« La réaction islamique petite-bourgeoise trouve ses idéologues et cadres organisateurs parmi les "intellectuels traditionnels" des sociétés musulmanes, les ulémas et assimilés, ainsi que parmi les échelons les plus bas des "intellectuels organiques" de la bourgeoisie, ceux-là mêmes qui sont issus de la petite-bourgeoisie et sont condamnés à y rester : les instituteurs et les clercs, en particulier. En période de montée, l'intégrisme islamique recrute largement dans les universités et autres centres de production des “intellectuels”, là où ceux-ci demeurent plus déterminés par leur origine sociale que par un avenir hypothétique et souvent aléatoire.

Les populations actives des pays où la réaction intégriste islamique a pu se constituer en mouvement de masse et où elle a aujourd’hui le vent en poupe se distinguent par une forte proportion de classes moyennes au sens défini par le *Manifeste du parti communiste* : petits fabricants, détaillants, artisans et paysans. Cependant, toute éruption de l’intégrisme islamique mobilise non seulement une fraction plus ou moins large de ces classes moyennes, mais aussi des fractions d’autres classes, fraîchement issues des classes moyennes, sous l’effet de l’accumulation primitive capitaliste et de la paupérisation. Ainsi, des fractions du prolétariat, celles dont la prolétarisation est la plus récente, et surtout des fractions du sous-prolétariat, celles qui ont été déchues par le capitalisme de leur position petite-bourgeoise antérieure, sont particulièrement réceptives à l’agitation intégriste et susceptibles d’être entraînées par celle-ci. Telle est la base sociale de l’intégrisme islamique, sa base de masse.

Cette base n’est toutefois pas acquise d’office à la réaction religieuse, comme la bourgeoisie l’est à son propre programme. Quelle que soit, en effet, la force du sentiment religieux des masses, et même si la religion en cause est l’islam, il y a un bond qualitatif entre ce sentiment et l’adhésion à la religion comme utopie temporelle : pour que d’opium des peuples la religion redevienne excitant, et cela à l’ère de l’automation, il faut vraiment que lesdits peuples n’aient plus d’autres choix que de se vouer à Dieu. Car le moins que l’on puisse dire de l’islam, c’est que son actualité n’est pas évidente ! En fait, l’intégrisme islamique pose plus de problèmes qu’il n’en résout. [...] En d’autres termes, le plus orthodoxe des intégristes musulmans est incapable de répondre aux problèmes que lui pose la société moderne par les seules péripéties de l'exégèse, à moins que celle-ci ne devienne totalement arbitraire et, partant, source de désaccords sans fin entre les exégètes. [...] L'intégrisme islamique, en soi, n'est aucunement le programme le plus conforme aux aspirations des couches sociales sur lesquelles il agit.

[...] Les classes moyennes sont, avant tout, la base sociale de la révolution démocratique et de la lutte nationale. Dans les sociétés arriérées et dépendantes, telles que les sociétés musulmanes, les classes moyennes conservent ce rôle dans la mesure où les tâches démocratiques et nationales restent, plus ou moins entières, à l'ordre du jour. Elles constituent les supporters les plus ardents de toute direction bourgeoise (ou petite-bourgeoise, à plus forte raison) qui inscrit ces tâches sur son étendard. Les classes moyennes sont la base sociale, par excellence, du bonapartisme de la bourgeoisie ascendante (elles sont d'ailleurs la base sociale de tout bonapartisme bourgeois). Il faut donc que les directions bourgeoises ou petites-bourgeoises qui assument les tâches démocratiques et nationales aient atteint leurs propres limites dans la réalisation de ces tâches, qu'elles aient perdu leur crédibilité, pour que de larges fractions des classes moyennes s'en détachent et cherchent d'autres voies.

Bien entendu, tant que l'essor capitaliste semble leur ouvrir les voies de l'ascension sociale, tant que leurs conditions d'existence s'améliorent, les classes moyennes ne remettent pas en question l'ordre établi ; même dépolitisées ou sans enthousiasme, elles n'en jouent pas moins le rôle de “majorité silencieuse” de l'ordre bourgeois. Mais pour peu que l'évolution capitaliste de la société se mette à peser sur elles de tout son poids, le poids de la concurrence nationale et/ou étrangère, de l'inflation et des dettes, les classes moyennes deviennent alors un réservoir redoutable de forces d'opposition au pouvoir établi, libre de tout contrôle bourgeois et d'autant plus redoutable que la violence du petit-bourgeois dans la détresse et son déchaînement sont sans pareils[25]. »

L'intérêt de reproduire ici cette analyse, vieille de plus de vingt ans, réside dans la possibilité de la confronter utilement à d'autres diagnostics et pronostics, beaucoup plus récents, sur le phénomène de l'intégrisme islamique. La thèse centrale de l'analyse marxiste exposée ci-dessus est que l'intégrisme islamique radical et anti-occidental est l'expression dévoyée et réactionnaire du ressentiment des classes moyennes et des couches plébéiennes contre le développement difforme du capitalisme et la domination occidentale, souvent aggravés par un pouvoir local despotique — une expression qui s'est imposée par suite de la faillite ou de l'élimination des formes modernistes du même ressentiment, qu'elles soient nationalistes, anti-impérialistes et populistes, ou socialistes anticapitalistes ou une combinaison de ces dimensions.

Le corollaire logique de cette thèse est que l'intégrisme islamique ne pourrait quitter le devant de la scène contestataire que pour l'une de ces deux raisons : ou bien le développement capitaliste des zones d'extension de l'intégrisme islamique — par ce que l'on a coutume d'appeler un « miracle » économique, terme qui serait ici parfaitement justifié — trouverait la voie d'une expansion soutenue et profitant à l'ensemble de la population, un « cercle vertueux » de la croissance ; ou bien de nouvelles expressions progressistes ou révolutionnaires de la lutte anti-impérialiste, plus ou moins anticapitalistes, pourraient s'imposer à nouveau comme vecteurs majoritaires des luttes populaires.

La première émergence historique de l'intégrisme islamique contemporain sous la forme d'un mouvement politique militant de type moderne, le mouvement des Frères musulmans en Égypte, avait atteint des proportions impressionnantes au lendemain de la Seconde Guerre mondiale : près d'un demi-million de membres, et une présence tellement envahissante dans la société égyptienne que le pouvoir semblait à leur portée. Les conditions de cette progression fulgurante, en une vingtaine d'années, étaient identiques à celles qui ont été décrites plus haut : une monarchie égyptienne corrompue et exécrée, et une grande misère populaire ; une domination britannique rendue encore plus intolérable du fait de sa complicité présumée, en tant que puissance mandataire, avec l'entreprise sioniste en Palestine ; la pusillanimité de la bourgeoisie libérale-nationaliste représentée par le parti Wafd ; la faiblesse du mouvement ouvrier et la marginalité de l'opposition communiste, sévèrement réprimés dans les années 1920[26].

Et pourtant, en peu de temps au cours des années 1950-1960, le mouvement des Frères musulmans sera rejeté dans la marginalité, à son tour, et honni. La raison n'en était pas sa répression par le pouvoir nassérien, même si celle-ci fut particulièrement dure après la tentative d'assassinat de Nasser. L'Algérie des militaires « éradicateurs » comme l'Égypte du général Moubarak sont là pour démontrer que la répression ne peut venir à bout, à elle seule, d'un mouvement profondément enraciné dans une fraction de la population et fortement déterminé à lutter par tous les moyens, y compris les plus violents. La raison fondamentale de la résorption de l'intégrisme islamique dans l'Égypte nassérienne est celle-là même qui explique la formidable popularité de Gamal Abdel Nasser, non seulement dans son pays mais aussi dans l'ensemble du monde arabe et, au-delà, dans l'ensemble du monde musulman et du vaste ensemble afro-asiatique, dont la conférence de Bandung marqua l'avènement politique en 1955.

La nationalisation du canal de Suez en 1956, suivie de l'agression tripartite israélo-franco-britannique contre l'Égypte, hissa Nasser au rang de héros des luttes de libération du tiers-monde, un rôle qu'il cultiva en s'érigeant en champion et promoteur actif du nationalisme arabe et des luttes nationales afro-asiatiques. Il sut s'assurer l'adhésion de l'écrasante majorité de la population égyptienne en optant pour la redistribution de la propriété terrienne et la nationalisation de l'industrie et du commerce extérieur, et fut incontestablement à l'origine d'un grand progrès social dans le pays, notamment par la démocratisation de l'enseignement. En somme, Nasser, en s'établissant puissamment sur le terrain des aspirations nationales, démocratiques et sociales, coupa l'herbe sous les pieds de ses opposants intégristes, comme, du reste, des communistes[27].

Afin que la résurgence de l'intégrisme islamique comme phénomène de masse depuis les années 1970 puisse être efficacement résorbée à son tour, il faudrait donc, à défaut de « miracle » économique, qu'émergent de nouveaux mouvements politiques, porteurs d'alternatives progressistes au capitalisme périphérique dégénéré de l'époque de la *globalization* et capables de reconquérir le terrain des luttes nationales, démocratiques et sociales. Ce n'est pas encore à l'ordre du jour. Et c'est là que réside la source de l'erreur commise par le nouvel orientaliste, Gilles Kepel, pourtant bon connaisseur du dossier, lorsqu'il a cru pouvoir annoncer la fin prochaine de l'« islamisme[28] ». Son ouvrage récent, *Jihad : expansion et déclin de l'islamisme,* annonçait bien imprudemment en introduction :

« Les mouvements islamistes sont entrés [...] dans une phase de déclin qui s'accélère depuis le milieu des années 1990. [...] Aujourd'hui, en l'an 2000, l'épuisement de l'idéologie et de la mobilisation islamistes ouvre la voie à un troisième moment, de dépassement [après les moments du nationalisme suivi de l'"islamisme"]. Cette phase qui débute avec le XXIe siècle verra sans doute le monde musulman entrer de plain-pied dans la modernité, selon des modes de fusion inédits avec l'univers occidental — notamment par le biais des émigrations et de leurs effets, de la révolution des télécommunications et de l'information[29]. »

On pourrait, certes, facilement ironiser sur le mode de fusion *sui generis* avec l'univers occidental qu'a produit l'écrasement contre les tours de Manhattan, le 11 septembre 2001, d'avions de ligne détournés par des kamikazes musulmans, immigrants aux États-Unis et rompus aux technologies modernes de la communication — en vertu d'une combinaison originale entre théologie et technologie, selon la bonne formule du *Washington Post*[30]. Mais cette erreur de pronostic, si elle est flagrante, n'en est pas moins instructive, et elle permet d'illustrer a contrario la thèse exposée ci-dessus. Sur quoi se fondait, en effet, le pronostic optimiste de Kepel ?

L'auteur relevait l'essoufflement de certaines des manifestations de l'« islamisme » apparues depuis un quart de siècle, pour y voir, trop hâtivement, une tendance générale au déclin, selon cette projection des désirs sur la réalité que l'on appelle, en anglais, *wishful thinking*. On lui reconnaîtra toutefois, comme à Olivier Roy dont il s'est inspiré[31], le mérite de rejeter la thèse culturaliste qui postule une incompatibilité a priori entre l'islam et la démocratie. Mais de l'affirmation de cette compatibilité — certes, conditionnée par des adaptations nécessaires — Gilles Kepel passait à la croyance naïve, à la manière de Francis Fukuyama[32], en la maturation des conditions historiques de la victoire finale de la démocratie et de la modernité dans le monde de l'islam. Typiquement « idéaliste » au sens de la méthodologie historique, comme, du reste, de la théorie des relations internationales, la démarche de Kepel faisait fi des conditions structurelles, tant socio-économiques que politiques, d'une extension de la modernité dans les pays musulmans, pour croire en la potentialité régénératrice — par volontarisme, en quelque sorte — de régimes qui comptent pourtant parmi les plus corrompus et autoritaires de la planète, et ce dans des pays aux inégalités sociales criantes et explosives.

« Pour l'avenir proche, la balle est dans le camp des régimes sortis vainqueurs de l'affrontement qui les a opposés à la mouvance ["islamiste"] dans son ensemble, brisée par le choc de la violence armée ou prise aux rets de la cooptation dans les allées du pouvoir. En ce tournant de siècle et de millénaire, il leur revient d'intégrer les groupes sociaux qui avaient été tenus à l'écart depuis les indépendances, et de favoriser l'enfantement d'une sorte de démocratie musulmane, sachant mêler de manière inédite culture, religion, et modernité politique comme économique. Ce scénario suppose que les élites rajeunies qui accèdent au pouvoir, du Maroc de Mohammed VI à la Jordanie d'Abdallah II, de l'entourage technocratique et militaire du président algérien Bouteflika à celui du président indonésien "Gus Dur" Wahid, soient capables de se projeter dans l'avenir, et de "partager le gâteau" aujourd'hui pour le faire croître demain[33]. »

On reste confondu devant tant de candeur de la part d'un « spécialiste » duquel on se serait attendu qu'il ne nourrisse aucune illusion quant aux personnages susnommés, encore moins susceptibles d'enfanter la modernité et de « partager le gâteau » que l'ayatollah

Khomeiny, en son temps, ne l'était de promouvoir les droits de l'homme — contrairement à ce qu'avait voulu croire, un moment, Michel Foucault, avec la double excuse de son ignorance en la matière et de l'extraordinaire popularité du chef religieux iranien, dirigeant d'une révolution impressionnante à bien des égards[34].

Du despotisme en pays d'islam

Comme le héraut de « la fin de l'Histoire » lui-même, le tenant de la thèse du déclin de « l'islamisme » n'a cependant pas manqué de soutenir que le 11 septembre n'est autre, en quelque sorte, que le chant du cygne de ce phénomène historique, et qu'il n'infirme donc pas la thèse de l'essor de la démocratie libérale moderne.

Fukuyama : « Ce choc consiste en une succession d'actions d'arrière-garde menées par des sociétés dont le fonctionnement traditionnel se trouve en réalité menacé par la modernisation. La violence de la réaction est à la mesure de la gravité de la menace. Mais le temps et les moyens sont du côté de la modernité, et je ne vois pas que manque la volonté de l'emporter dans les États-Unis d'aujourd'hui[35]. »

Kepel : « Ce phénomène de violence terroriste s'inscrit dans un déclin de la mouvance islamiste dans sa capacité à s'emparer du pouvoir. [...] C'est la fragmentation du mouvement islamiste qui rend possible le phénomène Ben Laden[36]. »

Gilles Kepel peut même faire valoir qu'il avait mis en garde contre la possibilité qu'éclatent de nouvelles explosions, à court terme, si les « élites » locales, maîtresses de leur destin, ne s'engageaient pas dans la réforme. « Les dirigeants de cet univers [musulman] se trouvent, plus que jamais, face à leurs responsabilités, dans une conjoncture politique qui ne leur est pas défavorable. Il leur faut agir avec célérité[37]. » Mais c'est bien là que réside le caractère méthodologiquement « idéaliste » de son analyse.

En effet, l'accent porté sur le libre arbitre de dirigeants du type des susnommés fait abstraction, sur le plan subjectif, de la nature sociale de leurs régimes et des couches sur lesquelles ils s'appuient, et donc des intérêts qu'ils représentent et qui animent leurs entreprises. Il fait également abstraction, sur le plan objectif, de l'ampleur des contradictions sociales et politiques dans leurs pays et de leur faible capacité à faire face à une contestation à laquelle ils lâcheraient la bride, comme les expériences conciliatrices de Chadli Bendjedid et du chah d'Iran l'ont très clairement illustré. Il fait abstraction, enfin et surtout, du rôle considérablement différent de l'hégémonie occidentale à l'égard de la démocratisation dans cette partie du monde, rôle que les nouveaux orientalistes tendent à passer sous silence[38], tandis que Fukuyama l'écarte péremptoirement : « Ces carences [des gouvernements musulmans], et non quoi que ce soit que le monde extérieur ait fait ou se soit abstenu de faire, sont la cause fondamentale de la stagnation du monde musulman[39]. »

J'ai, pour ma part, souligné l'importance de ce rôle, dans un article paru dans *Le Monde diplomatique* en juin 1997, où j'expliquais ce qui suit :

« De tous les grands espaces géopolitiques, l'ensemble arabe est le seul où la “désétatisation” relative de l'économie, pourtant inaugurée en Égypte par Anouar al-Sadate au début des années 1970, ne s'accompagne pas d'une désétatisation de la politique, le seul aussi où l'expression politique de la société civile ne parvient pas à s'émanciper du contrôle de l'État bureaucratique ou despotique. Les régimes politiques des pays arabes vont des monarchies absolues de jure aux républiques absolutistes de facto. Dans les pays qui se prétendent démocratiques, ce ne sont qu'élections en trompe-l'œil et, dans le meilleur des cas, libertés octroyées aussi chichement que sélectivement, et étroitement surveillées. [...]

Pourquoi cette exception arabe ? Et surtout, pourquoi est-elle si bien tolérée par ces mêmes puissances qui donnent des leçons de démocratie au reste de la planète ? [...]

Deux données fondamentales permettent de comprendre cette exception despotique arabe. La première, c'est la malédiction du pétrole ; la seconde, c'est la nature de l'opposition à l'ordre établi, dominée par les islamistes.

La perpétuation, voire l'installation, par la tutelle occidentale de dynasties tribales archaïques dans les entités pétrolifères de la péninsule arabique contrastait déjà fortement avec le bouleversement colonial des structures traditionnelles en d'autres lieux, au profit de modèles imitant la modernité politique. La "mission civilisatrice" de l'Occident en matière d'institutions ne s'est pas étendue à ces entités : là, au contraire, il s'agissait de consolider l'arriération afin de garantir la libre exploitation des ressources en hydrocarbures par les puissances tutélaires. Ce fut le cas notamment en Arabie saoudite.

Parce que cet État dispose des réserves de pétrole les plus importantes du monde, il est un de ceux auxquels Washington attache la plus haute importance. Longtemps gérants directs des affaires économiques et sécuritaires du royaume, les États-Unis y ont entretenu une rigidité sociale maximale, de manière à conjurer le danger de désordres populaires. Ils ont ainsi veillé à ce que ne s'y développe pas une classe ouvrière autochtone. La formule — identique à celle appliquée dans les autres entités pétrolifères, mais plus saugrenue en Arabie saoudite du fait de la taille de la population — a consisté à favoriser le développement d'une classe moyenne privilégiée parmi les nationaux et, pour les activités productives et les services manuels, à recourir pour l'essentiel à une main-d'œuvre immigrée, taillable et corvéable à merci, numériquement restreinte par un recours irrationnel aux technologies de pointe dans la production.

La structure de l'armée saoudienne obéit à la même conception : relativement réduite en nombre, de façon à diminuer le risque intérieur de coups d'État républicains (de telles entreprises ont fait tomber la monarchie en Égypte, en Irak ou en Libye), elle dispose d'un matériel impressionnant acquis à des coûts prohibitifs et, bien sûr, au grand bénéfice des marchands de canons occidentaux. Ainsi, pour une population quatre fois plus importante que celle de la Jordanie voisine, l'Arabie saoudite dispose d'un personnel militaire à peine deux fois plus nombreux, mais dépense pour sa défense 33 fois le budget militaire du royaume hachémite !

Calquées sur les structures tribales du pays, l'armée et la garde nationale saoudiennes sont essentiellement une milice prétorienne de la monarchie, dont l'efficacité dissuasive envers les menaces extérieures est fort douteuse et, en tout cas, sans commune mesure avec son coût, 2,5 fois plus élevé que celui de l'armée israélienne. [...]

Or, cette Arabie saoudite, si étroitement alliée aux États-Unis que ceux-ci se permettent de discuter ses choix budgétaires, est l'antithèse de la démocratie : le royaume dont le Coran et la charia sont la seule Loi fondamentale, sous l'empire des wahhabites ultra-rigoristes, est sans conteste l'État le plus intégriste au monde, le plus totalitaire politiquement et culturellement, et le plus oppresseur de la moitié féminine de sa population. En comparaison, l'Iran apparaît comme une société relativement libérale, pluraliste et émancipatrice des femmes...

On perçoit ici la grande hypocrisie de ceux qui sont prompts à pourfendre l'intégrisme au nom de la démocratie et de la laïcité, quand il est d'orientation anti-occidentale, tout en se réjouissant de l'amitié lucrative saoudienne. Et l'on comprend à quel point les populations arabes ont pu juger mensonger et irrecevable le discours de la coalition anti-irakienne durant la guerre du Golfe, lorsque cette même coalition, États-Unis en tête, prétendait défendre les valeurs démocratiques à partir du royaume saoudien et avec sa participation.

Voici l'une des raisons fondamentales de l'exception despotique arabe : l'Occident ne saurait promouvoir verbalement des valeurs démocratiques dans le monde arabe sans risquer de porter atteinte à ses protégés du Golfe.

Mais il y a aussi une seconde raison fondamentale : le développement impétueux de l'autre versant de l'intégrisme, radicalement anti-occidental, à l'iranienne. L'Occident récolte ainsi ce qu'il avait contribué à semer. [...]

Ainsi, après tant d'années de combat anticommuniste et antinationaliste mené sous la bannière de l'islam plutôt que sous celle de la démocratie libérale, le nationalisme en banqueroute et la gauche impuissante ont laissé le champ libre à l'intégrisme islamique. La pente qui s'offrait le plus naturellement à la contestation populaire nationaliste et sociale était celle de la religion, bien huilée par Riyad et Washington.

Il s'ensuivit une longue période d'hésitation, pendant laquelle les dirigeants saoudiens et leurs conseillers américains crurent possible de circonscrire la contagion en jouant de la spécificité chiite de l'Iran, en opposant les “chiites extrémistes” aux “sunnites modérés”. Riyad continua à parrainer les mouvements intégristes sunnites, en particulier la mouvance issue de l'organisation des Frères musulmans. Mais ce pari renouvelé s'avéra tout aussi désastreux : en 1990, au moment de la crise du Golfe opposant l'Irak à l'Arabie saoudite, des fractions majeures de la mouvance intégriste sunnite, soutenues par Riyad, prirent le parti de Bagdad pour ne pas se couper de leur base sociale. Le fiasco était cuisant pour la monarchie saoudienne.

L'écroulement de l'URSS en 1991 reléguant le communisme à une survivance, Washington décréta que le nouvel ennemi numéro un de l'Occident était dorénavant l'islam radical d'inspiration iranienne. On passa ainsi, en peu de temps, de la “fin de l'histoire” au “choc des civilisations”. Certes, la même hypocrisie qui faisait de la monarchie saoudienne une alliée de la civilisation occidentale continuait à jouer : elle a même produit récemment une autre “réussite”, en Afghanistan, où l'on sait quelle fut la collusion de Washington et de Riyad avec les talibans.

Le fait que l'islamisme anti-occidental représente le principal vecteur de la contestation populaire dans le monde arabe s'ajouta donc au propre rayonnement antidémocratique de la monarchie saoudienne pour justifier, depuis 1990, que, à l'inverse de l'évolution générale de la planète, la variante arabe du nouvel ordre mondial repose sur le despotisme[40]. »

De fait, même s'ils ne s'en vantent pas trop, les États-Unis reproduisent aujourd'hui, face à l'intégrisme islamique anti-occidental, le même raisonnement qui leur faisait soutenir autrefois des dictatures à la Pinochet, qualifiées par euphémisme de régimes « autoritaires », sous prétexte qu'elles étaient préférables à l'autre terme de l'alternative postulée : un glissement, même par voie électorale démocratique, vers des régimes marxistes postulés « totalitaires », ne fût-ce que potentiellement, et considérés, de surcroît, comme difficilement réversibles, sinon irréversibles[41].

C'est là une des conséquences de ce que Samuel Huntington, selon sa propre grille d'interprétation, appelle « le paradoxe de la démocratie : l'adoption par des sociétés non occidentales d'institutions démocratiques occidentales encourage et donne accès au pouvoir à des mouvements politiques nationalistes et anti-occidentaux[42] ». Pour les mêmes raisons, aujourd'hui, la « guerre contre le terrorisme » menée par Bush fils passe par le soutien à des démocrates au pedigree aussi remarquable qu'un général putschiste, tombeur d'un gouvernement élu au Pakistan, ou un autocrate perpétuant, en version capitaliste mafieuse, les pratiques répressives du régime soviétique de la veille, en Ouzbékistan.

Ni fascisme ni progressisme

La justification de ce soutien continu à des régimes « autoritaires » dans le monde musulman est une des fonctions principales de l'analogie que George W. Bush, après beaucoup d'autres, établit entre l'intégrisme islamique radical anti-occidental et le « totalitarisme », comme dans son discours du 20 septembre 2001 devant le Congrès : « Ces terroristes [...] sont les héritiers de toutes les idéologies meurtrières du XXe siècle. En sacrifiant la vie humaine pour servir leurs visions radicales — en abandonnant toute valeur, excepté la volonté de puissance — ils suivent la voie du fascisme, du nazisme et du totalitarisme[43]. »

Par un autre paradoxe, tout à fait mineur celui-ci, Fukuyama, propagateur de cette analogie dont il avait déjà fait état dans son trop célèbre ouvrage[44], en est arrivé, à force de surenchérir sur le même thème, à justifier objectivement le blocage par son propre gouvernement de cette marche triomphale universelle vers la démocratie libérale, dont l'annonce lui a valu naguère l'accès à une notoriété des plus surfaites. Ainsi, avec une efficacité autoréfutatrice tout à fait remarquable — pour un homme qui avait vu, dans la chute du « communisme », la « fin de l'Histoire » — l'intégrisme islamique radical, qu'il appelle « islamo-fascisme », représenterait, à certains égards, un défi à la démocratie libérale plus grand que celui qui existait du temps de la guerre froide : « La mer islamo-fasciste dans laquelle nagent les terroristes constitue, de quelques manières, un défi idéologique plus fondamental que celui que posait le communisme[45]. » Du coup, l'auteur découvre soudain, en une sorte de hara-kiri intellectuel, que « malheureusement il n'y a pas d'inévitabilité dans le progrès historique[46] ».

Certes, en faisant abstraction des différences entre les sociétés et les cultures concernées, il est possible de relever des traits communs à ces deux phénomènes historiques que sont le fascisme et l'intégrisme islamique anti-occidental : nature de la base sociale petite-bourgeoise et plébéienne, caractère profondément réactionnaire du programme social, fanatisme et propension à la violence. Mais les différences l'emportent sur les ressemblances : contrairement au fascisme historique, l'intégrisme islamique anti-occidental n'est pas la manifestation aiguë d'une politique impériale et une réaction à la montée du mouvement ouvrier, mais une manifestation aiguë de l'opposition à la domination impérialiste et aux régimes bourgeois corrompus sur lesquels elle s'appuie[47]. Lorsqu'elle émane d'un discours de gauche, l'identification politique entre les deux phénomènes vise à légitimer, en général, soit un soutien aux dictatures locales (comme dans le cas des « communistes éradicateurs » en Algérie), soit un soutien à la politique des puissances occidentales (comme pour ceux qui ont soutenu la « croisade » de George W. Bush contre l'Afghanistan au nom de la démocratie et de la libération des femmes).

Nulle part l'inanité politique de l'identification entre « islamisme » et fascisme n'est plus évidente que dans le cas de l'opposition islamique radicale à la monarchie saoudienne, celle-là même dont Oussama Ben Laden est devenu la figure de proue. En effet, croire que ce qui motive au premier chef cette opposition virulente à la famille régnante c'est l'aspiration à un régime « totalitaire » revient à parer le royaume saoudien de vertus démocratiques. Le fait est que, jusqu'en 1990, Ben Laden agissait pour le compte du régime saoudo-wahhabite, même si ses rapports avec le régime passaient par sa famille et même s'il critiquait depuis longtemps les liens de Riyad avec les États-Unis, comme il l'a lui-même prétendu[48]. Son retournement a été provoqué par l'intervention des troupes états-uniennes sur le sol de sa patrie, et non par une démocratisation inexistante du régime.

Inversement, un examen attentif de ce même épisode de la mutation de Ben Laden démontre l'inanité tout aussi grande de l'attribution de vertus progressistes — fût-ce une signification « objectivement anti-impérialiste » — à son djihad intégriste et fanatique. En réalité, le chef d'Al-Qaida a voulu d'abord se charger lui-même de la défense du royaume saoudien, vassal des États-Unis, contre l'Irak nationaliste de Saddam Hussein, comme l'a relaté un de ses partisans :

« Vers la fin de 1989, après le retrait soviétique d'Afghanistan, il se rendit au royaume en visite ordinaire. Une fois sur place, il se vit signifier une interdiction de voyage et fut confiné au royaume. Le retrait soviétique a pu être un facteur dans cette décision, mais la raison principale de l'interdiction de quitter le territoire était son intention d'ouvrir un nouveau "front" du djihad au Yémen du Sud [alors sous régime "marxiste"]. En outre, il embarrassa le régime en prononçant des conférences et des discours mettant en garde contre une invasion imminente par Saddam. À l'époque, le régime était en très bons termes avec Saddam. On exigea de lui officiellement de maintenir un profil bas et de ne pas faire d'interventions publiques. Malgré l'interdiction de voyager, il n'était pas hostile au régime à ce stade. En effet, il présenta une recommandation écrite sous la forme d'une lettre détaillée au roi, personnelle, privée et confidentielle, quelques semaines avant l'invasion irakienne du Koweït.

Il réagit rapidement à l'invasion irakienne et y vit la réalisation de sa prophétie. Il adressa immédiatement une autre lettre au roi suggérant en détail comment protéger le pays des forces irakiennes potentiellement envahissantes. En plus de plusieurs tactiques militaires suggérées, il offrit de mobiliser tous les moudjahidin arabes pour la défense du royaume. Cette lettre fut présentée dans les premiers jours après l'événement, et la réponse du régime fut de l'ignorer !

Tandis qu'il attendait une invitation à mobiliser ses hommes et ses équipements, il entendit les nouvelles qui bouleversèrent complètement sa vie. Les Américains arrivent. Il décrit toujours ce moment comme un choc[49]. »

Profondément atteint dans son amour-propre mégalomaniaque et xénophobe, Ben Laden devint dès lors l'ennemi juré de la monarchie saoudienne et de ses protecteurs occidentaux. Son argumentaire contre la présence des troupes états-uniennes dans le royaume est foncièrement réactionnaire, fanatique, religieux et sexiste, comme en témoignent, par exemple, les propos qu'il a tenus en 1998, lorsque la chaîne de télévision Al-Jazira lui avait offert l'occasion de s'adresser à un très large public arabophone.

« Ils veulent nous dépouiller de notre virilité, et nous croyons que nous sommes des hommes, et des hommes musulmans, qui devons protéger la demeure la plus importante de l'univers, l'honorable Kaaba, qui avons l'honneur de la protéger, au lieu que viennent les soldates américaines juives et chrétiennes. [...] Les gouvernants de cette région ont peut-être perdu leur virilité, et croient que les gens sont des femmes, et, par Dieu, même les femmes dignes parmi les femmes des musulmans refusent d'être défendues par ces putains américaines et juives[50]... »

Oussama Ben Laden, loin d'être l'expression d'une révolte progressiste — même « objectivement » — contre la monarchie saoudienne et ses protecteurs, est le porte-drapeau de l'idéologie wahhabite la plus réactionnaire, c'est-à-dire de la version extrême de l'idéologie dominante du royaume. Certes, son positionnement, très médiatique, comme ennemi public numéro un des États-Unis lui vaut l'allégeance ou la sympathie d'un nombre considérable de « damnés de la terre » et de personnes détestant légitimement l'hégémonie américaine et ses relais locaux, dans l'ensemble du monde musulman (que l'on songe à ce que peut ressentir la population palestinienne, par exemple) et bien au-delà.

Dans le royaume saoudien même, il se produit ce qui s'est passé dans beaucoup d'autres pays arabes et musulmans, mais porté à un degré maximal d'exacerbation : l'interdiction totalitaire de toute forme d'expression idéologique, politique ou culturelle, en dehors des canons du wahhabisme dominant, imposés à la population à coups de cravaches — celles de la police religieuse, les *mutawwi'ah* du Comité pour la prévention du vice et la promotion de la vertu — fait que c'est encore le wahhabisme qui s'impose comme la forme la plus « naturelle » de l'expression du ressentiment contre l'oppression extrême qui sévit dans le royaume, la profonde corruption de la famille régnante et la protection dont elle bénéficie de la part des États-Unis.

Ce n'est d'ailleurs pas la première fois que la monarchie saoudienne subit le choc en retour de ce même intégrisme islamique qu'elle a tant contribué à essaimer dans l'ensemble du monde musulman. En effet, les deux vagues successives de la résurgence intégriste anti-occidentale ont, chacune, frappé le royaume. En 1979, l'impact de la révolution iranienne se fit sentir non seulement par une révolte au sein de la minorité chiite de la province orientale du royaume, mais aussi, de façon beaucoup plus spectaculaire, par l'insurrection à La Mecque d'un groupe de wahhabites extrémistes, révoltés par la corruption de la famille régnante et dirigés par un prénommé Juhayman, membre de la tribu Al-Utayba, l'une des plus importantes du royaume[51]. Puis à la suite de la guerre du Golfe et du déploiement, suivi du stationnement, de troupes américaines dans le royaume, la monarchie dut faire face, une nouvelle fois, à la contestation wahhabite : en 1992, un groupe d'ulémas exprima ses critiques contre la corruption du régime et la présence maintenue des troupes américaines sur le sol « sacré » du royaume saoudien, gardien des villes saintes de l'islam; puis, en 1994, une fronde éclata dans la ville de Burayda, par suite de l'arrestation de deux ulémas contestataires, et se solda par plusieurs centaines d'arrestations.

Le duel entre Ben Laden et Washington

Le retournement d'Oussama Ben Laden, contre le gouvernement de son pays — dont, après être rentré d'Afghanistan, il dut s'enfuir définitivement en 1991 — ainsi que contre son suzerain états-unien, s'inscrit directement dans cette seconde vague de contestation ultra-rigoriste de la monarchie saoudienne. Ben Laden lui apporta le savoir-faire et le personnel formés dans sa longue expérience de la guerre d'Afghanistan, qui seront utilisés contre les troupes états-uniennes, perçues comme troupes d'occupation, impies plutôt qu'impérialistes. En novembre 1995, un premier attentat tuait cinq militaires américains et deux travailleurs indiens à Riyad (les quatre auteurs présumés de l'attentat furent décapités) ; puis, en juin 1996, ce fut l'attentat-suicide contre les Khobar Towers à Dharan, qui fit 19 morts parmi les militaires américains. La même année, les pressions saoudiennes et états-uniennes sur le Soudan où il s'était réfugié obligèrent Ben Laden à se rendre à nouveau en Afghanistan, où il reconstitua le réseau Al-Qaida et scella une alliance avec les talibans.

À ce moment-là, une guerre, tantôt occulte, tantôt spectaculaire, battait déjà son plein entre l'intégriste musulman et le gouvernement des États-Unis : des attentats attribués au réseau de Ben Laden eurent lieu au Yémen, en 1992, puis en Somalie, en 1993, contre des militaires américains. La première tentative de détruire les tours du World Trade Center, en 1993, sera également imputée à Ben Laden, après l'arrestation de l'organisateur de l'opération, Ramzi Yousef. D'autres actions suivront, dont les attentats sur le sol saoudien. Du côté opposé, outre plusieurs tentatives d'assassinat de Ben Laden par les services états-uniens ou saoudiens, en collaboration avec leurs homologues pakistanais, une force mercenaire d'un millier d'hommes, dotée de tout-terrain et d'hélicoptères, sera mise sur pied par la CIA et attaquera une des bases du réseau Al-Qaida en Afghanistan, en juillet 1997, afin de tenter de s'emparer de Ben Laden ou de le tuer[52].

Galvanisé par la déroute des troupes américaines en Somalie en 1994-1995, qui s'ajouta à la victoire emportée précédemment sur les troupes soviétiques en Afghanistan, et décidé à se battre jusqu'au bout contre ses anciens alliés, eux-mêmes déterminés à l'éliminer, Ben Laden proclamera, en février 1998, un « Front islamique mondial pour le djihad contre les juifs et les croisés », dont la première déclaration présente comme légitime et impératif, au nom de la religion islamique, de « tuer les Américains et leurs alliés, militaires et civils ». On y trouve les thèmes plusieurs fois réitérés depuis lors : la triple condamnation de la présence des troupes états-uniennes sur le territoire sacré de la péninsule arabique, de l'embargo meurtrier contre la population musulmane irakienne et du massacre de la population musulmane palestinienne par « l'alliance entre les croisés et les sionistes ».

Les épisodes les plus spectaculaires de la suite de cette guerre entre le David intégriste islamique et le Goliath impérialiste américain sont connus : les attentats contre les ambassades états-uniennes au Kenya et en Tanzanie, en août 1998 ; le lancer des missiles de croisière états-uniens sur l'Afghanistan et le Soudan, dans la foulée ; l'attentat-suicide contre le destroyer états-unien *Cole* au Yémen, en octobre 2000 ; les attentats-suicides du 11 septembre 2001 ; l'agression états-unienne contre l'Afghanistan, déclenchée le 7 octobre 2001. Et la liste n'est certainement pas close.

On pourrait se demander, à ce propos, pourquoi l'administration Clinton, qui a mené cette guerre féroce durant tant d'années, n'a pas soutenu l'Alliance du Nord en Afghanistan, plutôt que de projeter inefficacement des missiles sur ce pauvre pays. Contrairement à ce que les admirateurs du commandant Massoud ont pu penser, ce n'était pas par manque d'audace. C'était pour une raison qui témoigne d'une clairvoyance politique bien plus grande que celle des matamores des guerres par procuration[53].

« Intervenir au côté de l'Alliance du Nord aurait été soutenir la partie perdante et nous associer avec des milices corrompues et brutales, a dit un ancien officiel [de l'administration Clinton] — non pas "chevalier blanc contre chevalier noir" mais "chevalier gris foncé contre chevalier noir".

Albright a dit que l'idée n'était pas digne d'être prise au sérieux.

"Nous étions tous aux prises avec l'histoire de l'Afghanistan et les conséquences involontaires de notre implication" dans les années 1980, s'est souvenue Albright. "Nous avons armé tous ces gens et leur avons fourni des Stingers. Pour nous, un engagement dans une guerre civile au côté de l'Alliance du Nord aurait été insensé."[54] »

D'autres épisodes de la guerre entre les États-Unis et le réseau Al-Qaida sont moins connus, comme la mise sur pied en 1999, par les services pakistanais et la CIA, d'un nouveau commando ayant pour mission de capturer ou tuer Ben Laden en Afghanistan (le projet avortera du fait du coup d'État de Pervez Moucharraf)[55]. Ou encore, les opérations dites de « livraison » (*rendition*) par lesquelles les États-Unis obtiennent d'un gouvernement servile ou vénal qu'il leur livre illégalement des individus jugés nuisibles à Washington[56], ou les transfère, s'ils ne peuvent être châtiés sous la loi étatsunienne, vers des pays beaucoup moins regardants sur les droits humains. Un exemple parmi plusieurs dizaines d'autres : cinq intégristes musulmans égyptiens furent enlevés en Albanie, en 1998, par la CIA et les services albanais, et livrés à l'Égypte, où ils furent exécutés après comparution devant un tribunal militaire[57].

Sur cet affrontement d'une violence impitoyable entre les deux ex-alliés, quelles bêtises n'ont pas été dites depuis le 11 septembre ! Selon un des thèmes les plus ressassés, que ce soit par un « anti-islamisme » de droite, franchement raciste, ou par un « anti-islamisme » de gauche, pavé de bonnes intentions, ce serait le royaume saoudien lui-même qui serait le commanditaire de Ben Laden. Dérivée d'une vision fantasmatique du monde[58], cette idée absurde — qui occulte le fait que c'est précisément le régime saoudien qui est le plus menacé par l'action de Ben Laden, pour la plus grande inquiétude de ses parrains de Washington — est en fait de nature à conforter la monarchie, soucieuse de donner l'illusion de tenir tête à son protecteur[59].

De la même façon, la lourde insistance sur le fait que Ben Laden est riche (« milliardaire » même, n'hésitent pas à dire certains médias[60]), au point que d'aucuns ont cru pouvoir analyser les motivations du réseau Al-Qaida en termes d'intérêts « capitalistes »[61], passe complètement à côté du fait que l'une des raisons principales de sa popularité tient à sa réputation, non usurpée, de fils de famille riche qui a sacrifié sa fortune, vit dans l'austérité et a risqué sa vie, maintes fois, pour la cause à laquelle il croit fanatiquement.

Outre que la sociologie d'un individu ne saurait résumer la sociologie du mouvement dont il est l'inspirateur ou le dirigeant, la masse des membres d'Al-Qaida n'est certainement pas constituée de milliardaires ou de millionnaires, mais correspond rigoureusement à la composition sociale la plus classique de l'intégrisme islamique militant. Que 16 des

19 kamikazes du 11 septembre aient été « saoudiens » ne signifie aucunement qu'ils aient été des émirs du pétrole ! Selon les résultats des enquêtes effectuées par les services états-uniens : « La plupart étaient originaires de villages pauvres où l'intégrisme est répandu. Mais leurs familles semblaient appartenir aux échelons supérieurs ; leurs pères étaient des religieux, des directeurs d'écoles, des boutiquiers et des hommes d'affaires[62]. »

Ce n'est un scoop pour personne — et certainement pas pour l'auteur de ces lignes, comme on peut en juger par les thèses de 1981 citées plus haut — que la base sociale de l'intégrisme islamique n'est pas exclusivement composée de pauvres et d'indigents, mais appartient en bonne partie aux classes moyennes. Toutefois, il importe de comprendre « l'anomie[63] », la perte déstabilisante des repères, qui frappe ces membres de classes moyennes issues de la petite-bourgeoisie traditionnelle, rurale ou urbaine, face à la succession du boom pétrolier et de la crise, au creusement des inégalités sociales et à l'angoisse d'un avenir professionnel hypothéqué, pour les jeunes, par le « chômage des diplômés ». Cette « anomie » alimente un ressentiment qui se retourne naturellement contre les pouvoirs établis et épouse les formes idéologiques qui se prêtent le plus facilement à l'expression de la contestation.

L'essentiel n'est pas le niveau de vie des individus dans l'absolu, mais bien les perspectives d'évolution de leur niveau de vie relatif, la distance qui sépare leurs perspectives réelles de leurs aspirations, comme l'avait très bien expliqué Émile Durkheim dans son analyse du « suicide anomique » à causalité socio-économique[64]. Si l'on ne saisit pas le sens de cette « anomie », le risque est grand de produire une explication socio-déterministe statique d'un phénomène tel que l'intégrisme islamique. Or, l'intégrisme islamique radicalisé n'est pas plus l'émanation spontanée de la misère sociale qu'il ne « résulte de la richesse », comme semble le croire Daniel Pipes, membre du *think-tank* de la politique moyen-orientale des États-Unis, qui travestit une série de données pour mieux étayer sa thèse rejoignant sur le fond la version la plus caricaturale du « choc des civilisations »[65].

L'Égyptien Mohamed Atta, organisateur principal des attentats du 11 septembre — sur lequel Terry McDermott a publié une enquête remarquable dans le *Los Angeles Times* — appartenait, lui aussi, à une famille de la petite-bourgeoisie aisée d'origine rurale. Étudiant brillant, il avait pu prolonger des études d'architecture commencées au Caire par des études d'urbanisme à Hambourg, en Allemagne. En 1995, il avait obtenu une bourse allemande pour une étude sur les plans du gouvernement égyptien visant à réaménager en complexe touristique la partie du vieux Caire appelée la « ville islamique ». Il s'y était rendu en compagnie de deux autres étudiants, des Allemands, dont un dénommé Ralph Bodenstein. L'épisode que relate McDermott est tout à fait éclairant sur les motifs — très communs, du reste — qui peuvent nourrir le ressentiment anti-américain d'un jeune Égyptien, diplômé et musulman pieux, devant le spectacle désolant que présente son pays.

« Ce que les trois jeunes architectes découvrirent les consterna. Le gouvernement prévoyait de "restaurer" la zone en déplaçant une grande partie des personnes qui y vivaient, en évinçant les marchands d'oignon et d'ail, en restaurant les vieux bâtiments et en apportant des troupes d'acteurs pour jouer à imiter les vraies personnes qu'ils remplaceraient.

Bodenstein a décrit ce qui se passa : "Nous avons eu une discussion très critique avec les gens de la municipalité. Ils ne comprenaient pas nos préoccupations. Ils voulaient faire leur travail, habiller des gens en costumes. Ils pensaient que c'était une bonne idée et ne pouvaient pas comprendre le pourquoi de nos objections."

C'était le premier contact professionnel d'Atta avec la bureaucratie égyptienne et cela le désespéra, dit Bodenstein.

"Mohamed était très, très critique à l'égard de l'administration du plan, du népotisme. Il avait commencé à se renseigner sur la possibilité d'obtenir un emploi après ses études, et il avait de la difficulté à trouver quoi que ce soit. Il n'appartenait pas au réseau, où les emplois étaient transmis d'une génération à l'autre, aux alliés politiques. Mohamed était très idéaliste, humaniste ; il avait des idéaux sociaux à réaliser."

Les plaintes d'Atta au sujet de la difficulté de trouver un emploi décent n'étaient pas exceptionnelles. Le système ambitieux et quasi gratuit de l'enseignement supérieur en Égypte produit beaucoup plus de diplômés que l'économie ne peut en absorber. Plus votre formation est poussée, moins vous aurez de chances de trouver un emploi. Selon une étude réalisée en 1998, les diplômés de l'enseignement supérieur ont 32 fois plus de chances de se retrouver au chômage que les illettrés.

Bodenstein rapporte que la critique du gouvernement par Atta s'amplifiait à mesure que le projet d'étude avançait. Il disait que les plans de réaménagement gouvernementaux transformeraient la vieille ville en Disneyland islamique. De telles influences occidentales, disait-il, étaient le résultat de l'empressement du gouvernement à vouloir être allié aux États-Unis[66]. »

Contrairement à Oussama Ben Laden, figure hors normes à bien des égards, Mohamed Atta est tout à fait représentatif — avec presque la pertinence d'un profil statistique — des jeunes diplômés qui forment l'élite intellectuelle, les « intellectuels organiques », de cette mouvance petite-bourgeoise et plébéienne musulmane, dont la rébellion contre des régimes corrompus et désespérants, parrainés par les États-Unis, emprunte, depuis près de trois décennies, la voie de l'intégrisme islamique.

Notes

1. John Cooley, *Unholy Wars : Afghanistan, America and International Terrorism,* Pluto, Londres, 1999 (une nouvelle édition augmentée est parue en l'an 2000 ; les citations qui suivent se réfèrent à la pagination de la première édition — traduction française : *CIA et Jihad 1950-2001,* Autrement, Paris, 2002).

2. *Ibid.,* p. 240-241.

3. Karl Marx, « The Indian Revolt », *New York Daily Tribune,* 16 septembre 1857, dans *Marx & Engels on Britain,* Foreign Languages Publishing House, Moscou, 1953, p. 449-450.

4. *Ibid.,* p. 453.

5. « Beaucoup de ceux que Ben Laden recruta s'avérèrent des musulmans zélés, comme lui-même, et de braves combattants. Certains, cependant, étaient des repris de justice, comme ceux que le Tabligh [une association de prosélytisme islamique] aida à suivre une formation religieuse au Pakistan, une fois sortis des prisons algériennes ou tunisiennes. » Cooley, *op. cit.,* p. 119.

6. Les appellations « saoudite » ou « saoudien » renvoyant au nom d'une dynastie régnante, elles sont mises entre guillemets lorsqu'elles sont appliquées au pays ou à ses ressortissants.

7. Le « hanbalisme » est l'une des quatre doctrines (*madhahib*) reconnues de l'islam orthodoxe sunnite, ainsi appelée par référence à son fondateur, Ahmad Ben Hanbal (VIIIe-IXe siècle). Le hanbalisme se distingue par son dogmatisme intolérant et son hostilité à l'innovation en matière de religion. Le « wahhabisme », appellation récusée par les disciples de Mohammad Ben Abdel-Wahhab, est une version extrême du hanbalisme.

8. Ce n'est qu'en 1938, soit cinq ans plus tard, que le premier gisement exploitable commercialement fut découvert dans le royaume.

9. Les forces états-uniennes évacueront la base de Dharan en 1962, après qu'elle fut devenue l'objet de dénonciations véhémentes du nationalisme arabe nassérien et un embarras majeur pour le régime saoudien.

10. Daniel Yergin, *The Prize : The Epic Quest for Oil, Money and Power,* Pocket Books, Londres, 1993, p. 427 (traduction française : *Les Hommes du pétrole,* 2 vol., Stock, Paris, 1991 et 1992).

11. *Ibid.,* p. 404-405. Lors de sa rencontre avec Roosevelt, le souverain saoudien lui aurait d'ailleurs déclaré, selon le compte rendu américain : « Vous et moi désirons la liberté et la prospérité pour nos peuples et leurs voisins après la guerre. Comment et par qui la liberté et la prospérité arrivent nous importe peu. Les Anglais aussi travaillent et se sacrifient pour apporter la liberté et la prospérité au monde, mais à la condition qu'elles soient apportées par eux-mêmes et estampillées “Made in Britain”. » Department of State, *Foreign Relations of the United States, 1945,* 8, « Near East and Africa », Government Printing Office, Washington, 1969, p. 8 — cité dans Joseph McMillan, *US-Saudi Relations : Rebuilding the Strategic Consensus, Strategic Forum*, n° 186, novembre 2001, Institute for National Strategic Studies, National Defense University, Washington, note 1.

12. « What We're Fighting For », Institute for American Values, New York, février 2002 (traduction française approximative, et partielle pour les notes, publiée dans *Le Monde* du 15 février 2002 sous le titre « Lettre d'Amérique, les raisons d'un combat »).

13. *Human Rights in Saudi Arabia : A Deafening Silence,* Human Rights Watch Backgrounder, Washington, décembre 2001, p. 1.

14. Sur ces différents aspects, voir la série d'articles de Robert Kaiser et David Ottaway, publiés sous le titre général de « Marriage of Convenience : The US-Saudi Alliance » dans le *Washington Post* des 10-12 février 2002.

15. Zbigniew Brzezinski, dans « The Arming of Saudi Arabia », transcription de FRONTLINE Show #1112, PBS, Alexandria (Virg.), 16 février 1993.

16. Voir Alfred Prados, « Saudi Arabia : Post-War Issues and US Relations », *Issue Brief for Congress* IB93113, Congressional Research Service, Washington, 13 avril 2001.

17. Scott Armstrong, dans « The Arming of Saudi Arabia », *op. cit.* « Graduellement, il apparut qu'il ne s'agissait pas seulement de cinq avions AWACS, mais que c'était le moyen d'introduire en douce le pivot d'un système de communications électroniques qui serait l'équivalent du cœur de ce que nous avons pour l'OTAN, par exemple. C'était quelque chose dont les Américains pourraient essentiellement prendre possession et contrôle sans délai. Mais la clé de l'affaire était que les Saoudiens allaient en payer le prix. »

18. *Ibid.*

19. *Ibid.*

20. Israël — qui a une plus grande marge d'autonomie politique réelle à l'égard de Washington — est souvent présenté comme le 51e État, mais il devrait plutôt être désigné comme 52e selon l'ordre chronologique. Il y a d'ailleurs une certaine complémentarité dans les services que rendent les deux pays au gouvernement états-unien : ainsi, dans les situations où, par exemple, l'administration est empêchée d'agir par le Congrès ou par la législation, Israël supplée les États-Unis par ses services militaires, tandis que les Saoudiens les suppléent par l'apport de leurs fonds (cf. le soutien aux contras combattant le gouvernement sandiniste au Nicaragua).

21. Voir à ce sujet Albert Hourani, *Arabic Thought in the Liberal Age, 1798-1939,* Cambridge University Press, Cambridge, 1983 (traduction française : *La Pensée arabe et l'Occident,* Naufal, Paris, 1991). Les Frères musulmans deviendront les ennemis acharnés de Nasser, qu'ils tenteront d'assassiner dès 1954.

22. Malcolm Kerr, *The Arab Cold War : Gamal 'Abd al-Nasir and His Rivals, 1958-1970,* Oxford, Londres, 1970.

23. Les formules entre guillemets sont extraites de Marx, *Critique du droit politique hégélien,* Éd. sociales, Paris, 1975, p. 198.

24. Marx et Engels, *Manifeste du parti communiste,* dans Marx et Engels, *Œuvres choisies en trois volumes,* Éd. du Progrès, Moscou, 1970, vol. I, p. 121.

25. « Onze thèses sur la résurgence actuelle de l'intégrisme islamique », février 1981 — texte reproduit dans Gilbert Achcar, *L'Orient incandescent. Le Moyen-Orient au miroir marxiste,* Page deux, Lausanne, 2003.

26. Jacques Berque a brossé un magnifique tableau de cette Égypte de la première moitié du xxe siècle dans *L'Égypte. Impérialisme et révolution,* Gallimard, Paris, 1967.

27. Les communistes égyptiens finirent par se rallier au régime nassérien, qualifié par Moscou de « voie de développement non capitaliste ».

28. Je partage entièrement les réserves émises par Maxime Rodinson — notamment dans *L'Islam : politique et croyance,* Fayard, Paris, 1993 — sur l'utilisation de ce vocable, avec « en tout premier lieu les risques de confusion avec "islam", les deux mots se trouvant donnés comme synonymes dans nombre de textes et de dictionnaires » (p. 329). Selon Rodinson, l'insistance des nouveaux orientalistes sur l'utilisation de ce terme relève de « stratégies personnelles de conquête napoléonienne du pouvoir ou de la notoriété dans le monde intellectuel et spécialement universitaire » (p. 231). Le terme « intégrisme », défini comme « l'aspiration à résoudre au moyen de la religion tous les problèmes sociaux et politiques et, simultanément, de restaurer l'intégralité de la croyance aux dogmes et aux rites » (p. 268) — tout comme le terme anglais *fundamentalism* qui a acquis un sens équivalent —, a le grand avantage, contrairement à « islamisme », de permettre de souligner le fait que cette utilisation de la religion n'est pas l'apanage exclusif de l'islam, mais qu'il existe aussi des intégrismes catholique, protestant, juif, hindou, etc., même si chaque intégrisme est, bien sûr, spécifique.

29. Gilles Kepel, *Jihad : expansion et déclin de l'islamisme,* Gallimard, Paris, 2000, p. 16.

30. Karen DeYoung et Michael Dobbs, « Bin Laden : Architect of New Global Terrorism — Evolving Movement Combines Old Theology and Modern Technology in Mission Without Borders », *Washington Post,* 16 septembre 2001.

31. Olivier Roy, *L'Échec de l'islam politique,* Seuil, Paris, 1992. L'ouvrage d'Olivier Roy reconnaissait cependant, très justement, que « nous n'en avons pas fini avec la protestation islamiste », et cela parce que « les réalités socio-économiques qui ont porté l'islamisme sont là et ne sont pas près de s'effacer : misère, déracinement, crise des valeurs et des identités, déliquescence des systèmes éducatifs, opposition Nord-Sud, problème de l'intégration des immigrés dans les sociétés d'accueil » (p. 43). Son titre n'annonçait pas le déclin de l'« islamisme », mais l'échec de son projet, échec couru d'avance pour ceux qui, contrairement à Roy lui-même, ne se sont jamais fait d'illusions au sujet de l'islam politique (comme l'atteste, par exemple, l'article de 1981 cité plus haut). Par ail-

leurs, Roy introduisait une distinction entre l'« islamisme » et un « néo-fondamentalisme » dont les contours sont particulièrement embrouillés, et qui ne fait qu'ajouter à la confusion conceptuelle.

32. Le messager de la « fin de l'Histoire » avait lui-même prédit le triomphe final de la « démocratie libérale » dans le monde musulman : « En effet, le monde islamique paraîtra plus vulnérable à long terme aux idées libérales que l'inverse, puisque ce libéralisme a attiré de nombreux et puissants partisans musulmans au cours du dernier siècle et demi. » Francis Fukuyama, *The End of History and the Last Man,* Avon Books, New York, 1992, p. 46 (traduction française : *La Fin de l'Histoire et le dernier homme,* Flammarion, Paris, 1992).

33. Kepel, *op. cit.,* p. 548-549. Notons au passage le postulat implicite qui consiste à réserver aux pays musulmans une version de la modernité consistant en une « démocratie musulmane » mêlant — « de manière inédite » — la religion à la modernité politico-économique. Ce postulat, que partage Olivier Roy, est la marque de ce que l'on appelle ici le « nouvel orientalisme », à distinguer du « néo-orientalisme » que Farhad Khosrokhavar a défini comme étant fondé sur le postulat de « l'impossible modernisation du monde islamique » (« Du néo-orientalisme de Badie : enjeux et méthodes », *Peuples méditerranéens,* n° 50, janvier-mars 1990, p. 122). Le « nouvel orientalisme » postule, quant à lui, l'impossible laïcisation du monde islamique, et assigne à sa modernisation un passage obligé sous les fourches caudines de la religion islamique.

34. Au sujet des errements de Foucault sur l'Iran khomeiniste, voir Rodinson, *op. cit.,* p. 301-327, ainsi que les écrits des années 1978-1979 dans Michel Foucault, *Dits et écrits II, 1976-1988,* Gallimard, Paris, 2001.

35. Fukuyama, « History Is Still Going Our Way », *Wall Street Journal,* 5 octobre 2001 (traduction française publiée dans *Le Monde* du 18 octobre 2001, sous le titre « Nous sommes toujours à la fin de l'Histoire » ; les États-Unis ont été symptomatiquement remplacés par « l'Occident » dans la dernière phrase telle que publiée dans *Le Monde*).

36. José Garçon et Véronique Soulé, « "La quête du martyre s'est propagée" — Entretien croisé avec Gilles Kepel et Farhad Khosrokhavar », *Libération,* 19 novembre 2001.

37. Kepel, *op. cit.,* p. 549.

38. Voir l'ouvrage collectif sous la direction de Ghassan Salamé, *Démocraties sans démocrates : politiques d'ouverture dans le monde arabe et islamique,* Fayard, Paris, 1994, où toute une gamme de facteurs sont considérés, à l'exception du rôle de l'Occident.

39. Fukuyama, « Their Target : The Modern World », dans *Issues 2002*, édition spéciale de *Newsweek*, décembre 2001-février 2002, p. 62.

40. « Le monde arabe orphelin de la démocratie », *Le Monde diplomatique,* juin 1997 ; article reproduit sous son titre original, « L'exception despotique arabe », dans Gilbert Achcar, *L'Orient incandescent. Le Moyen-Orient au miroir marxiste, op. cit.* On trouvera des réflexions convergentes sur le même problème dans l'excellent article de Lisa Anderson, « Arab Democracy : Dismal Prospects », *World Policy Journal,* vol. XVIII, n° 3, automne 2001.

41. Voir à ce sujet, et notamment à propos de la distinction entre régimes « autoritaires » et « totalitaires » élaborée par Jeane Kirkpatrick, l'ouvrage de Jeff McMahan, *Reagan and the World : Imperial Policy in the New Cold War,* Pluto, Londres, 1984, p. 78-89.

42. Samuel Huntington, *The Clash of Civilizations and the Remaking of World Order,* Touchstone, New York, 1998, p. 94 (traduction française : *Le Choc des civilisations,* Odile Jacob, Paris, 1997).

43. George W. Bush, « Address to a Joint Session of Congress and the American People », *op. cit.* Une enquête du *New York Times* sur la rédaction de ce discours par les *speechwriters* de la Maison-Blanche nous apprend que le terme « totalitarisme » a remplacé l'appellation « communisme impérial », qui figurait dans une première version, et ce afin de ne pas offenser la Russie — D.T. Max, « The 2,988 Words That Changed a Presidency : An Etymology », *New York Times Magazine,* 7 octobre 2001.

Olivier Roy soutient, quant à lui, que « le totalitarisme, comme absorption de la totalité du champ social par le politique, est étranger à la culture islamique » (*op. cit.,* p. 23 et suiv.) — ce qui est tout aussi discutable.

44. Fukuyama, *The End of History and the Last Man, op. cit.,* p. 236-237.

45. Fukuyama, « Their Target : The Modern World », *op. cit.,* p. 62.

46. *Ibid.*, p. 63.

47. En ce sens, il est tout aussi possible, sinon plus facile, d'établir une analogie entre l'intégrisme islamique radical et les mouvements d'extrême gauche, comme l'a fait Olivier Roy (*op. cit.*, p. 16-19), qui a cependant conclu sagement en rappelant que « comparaison n'est pas raison ».

48. Dans un entretien autobiographique réalisé par la chaîne qatarie Al-Jazira en décembre 1998, Ben Laden se défend d'avoir établi des rapports directs avec les États-Unis dans la guerre d'Afghanistan, tout en justifiant l'alliance objective par la convergence provisoire de deux combats distincts contre l'Union soviétique. Il fait état de conférences qu'il aurait prononcées dans le royaume au milieu des années 1980, appelant à boycotter les marchandises et à frapper les forces armées des États-Unis (« *Usama ben Laden yatahaddath* » [« Oussama Ben Laden parle »], transcription en arabe, site web d'Al-Jazira, Doha, 23 septembre 2001).

Une autre source importante sur la biographie du chef d'Al-Qaida est un document remis à la chaîne PBS par un auteur désireux de préserver son anonymat et qualifié de « proche de Ben Laden ». Il confirme les propos de ce dernier : « Depuis la fin des années 1970, il avait de forts sentiments anti-américains. Il s'engagea, ainsi que sa famille, et exhorta tous ses amis à éviter d'acheter des produits américains, quand ce n'était pas nécessaire. Il disait très tôt dans les années 1980 que la prochaine bataille serait contre l'Amérique. » (« A Biography of Osama bin Laden », dans « Hunting Bin Laden », FRONTLINE Show #1713K3, PBS, Alexandria [Virg.], 13 septembre 2001.)

49. *Ibid.*

50. « *Usama ben Laden yatahaddath* », *op. cit.* La présence de femmes parmi les forces armées états-uniennes dans le royaume saoudien a un effet doublement explosif : elle attise l'hostilité masculine sexiste à cette présence, comme l'illustrent les propos de Ben Laden, et ne peut que contribuer à ouvrir les yeux des femmes autochtones sur l'oppression extrême à laquelle elles sont soumises. Cette présence a eu pour effet, très tôt, d'inciter 47 femmes « saoudiennes » à oser l'extraordinaire acte de bravoure consistant à faire un tour de 15 minutes au volant de leur voiture, le 6 novembre 1990, avant d'en subir les conséquences répressives. Il s'agit donc d'une présence hautement déstabilisatrice, et le gouvernement des États-Unis aurait

certainement préféré s'en passer. Dans l'incapacité de sélectionner sur critère sexuel ses troupes déployées dans le royaume, du fait de la vigueur et de la vigilance du mouvement féministe américain, le Pentagone a donc choisi de les « cacher », en leur imposant le port de la *abaya* (l'équivalent du tchador) et en leur interdisant de sortir non accompagnées, de conduire hors des bases et même de s'asseoir sur les fauteuils avant des véhicules. Une femme pilote a entamé une action en justice contre le secrétaire à la défense Donald Rumsfeld pour discrimination sexuelle et violation des libertés religieuses, et a déjà obtenu l'abolition de l'obligation du port de la *abaya* (voir Ann Gerhart, « Saudi Dress Code for Female Troops Revised », *Washington Post,* 23 janvier 2002). Cela pourrait contribuer à un possible retrait prochain des troupes états-uniennes du royaume, plus efficacement que les actions des partisans de Ben Laden !

51. Voir William B. Quandt, *Saudi Arabia in the 1980s : Foreign Policy, Security and Oil,* Brookings Institution, Washington, 1981, p. 93-97.

52. Selon des sources arabes citées dans « A Chronology of His Political Life », dans « Hunting Bin Laden », *op. cit.*

53. « On s'est aperçu que ces terrifiants guerriers [les talibans] n'étaient que des tigres de papier ; que la baudruche n'était grosse que de nos fantasmes, de nos renoncements, de nos craintes ; on a découvert, en un mot, qu'il suffisait de vouloir pour pouvoir et que la libération de l'Afghanistan était à notre portée. » Bernard-Henri Lévy, « Ce que nous avons appris depuis le 11 septembre », *Le Monde,* 21 décembre 2001.

54. Barton Gellman, « The Covert Hunt for bin Laden : Struggles Inside the Government Defined Campaign », *Washington Post,* 20 décembre 2001.

55. Voir Bob Woodward et Thomas E. Ricks, « US Was Foiled Multiple Times in Efforts to Capture Bin Laden or Have Him Killed », *Washington Post,* 3 octobre 2001.

56. Pour une définition officielle de la *rendition,* voir la déposition de l'ex-directeur du FBI, Louis Freeh, devant la commission judiciaire du Sénat : « US Government's Response to International Terrorism », *Congressional Statement,* Washington, 3 septembre 1998.

57. Gellman, « The Covert Hunt for bin Laden : Broad Effort Launched After '98 Attacks », *Washington Post,* 19 décembre 2001. Dans le même registre figure la déportation

récente à Guantánamo, en janvier 2002, de six Arabes présumés appartenir au réseau Al-Qaida, arrêtés en Bosnie par les autorités locales et livrés à l'ambassade des États-Unis, au mépris de toutes les procédures légales. Cela a provoqué un tollé dans le pays, relaté par le *Washington Post* : « La couverture d'un magazine populaire bosniaque a présenté, la semaine dernière, l'Oncle Sam urinant sur la Constitution du pays et la Convention européenne des droits de l'Homme. [...] Des groupes de défense des droits humains qui ont naguère soutenu les États-Unis et, pour certains, ont été financés par eux, protestent énergiquement. » Daniel Williams, « Hand-Over of Terrorism Suspects to US Angers Many in Bosnia », *Washington Post,* 31 janvier 2002.

58. À quand des *Protocoles des sages de La Mecque* ? Je me souviens encore d'une caricature qu'avait diffusée autrefois, avec indignation, le regretté Israel Shahak : parue en Israël au moment du boycott pétrolier arabe, dans la foulée de la guerre israélo-arabe d'octobre 1973, elle représentait la tête d'un Arabe de type saoudien, portant keffieh, tenant un globe terrestre entre ses mains avec une expression avide. C'était la réplique exacte des caricatures antisémites qui dépeignaient les « juifs », naguère, en maîtres financiers du monde.

59. Comme l'a reconnu ingénument le prince saoudien Bandar Ben Sultan, ambassadeur de sa famille à Washington, lors d'un entretien télévisé où il répondait à une question sur les frictions entre le FBI et les autorités saoudiennes dans l'enquête sur l'attentat de Khobar : « Je n'ai jamais trouvé que les plaintes de nos alliés en Occident portaient tort à l'Arabie saoudite. J'ai toujours pensé que c'était utile. Plus les Américains ou les Européens se plaignent que nous ne coopérions pas sur les questions intérieures, plus vous me donnez de la force face à ceux — face à mon peuple, et face aux dissidents — de dire que nous ne sommes dans la poche de personne. » « Saudi Time Bomb ? », FRONTLINE, interviews, PBS, Alexandria (Virg.), 15 novembre 2001.

60. Dans la même interview citée plus haut, Bandar Ben Sultan, qui sait de quoi il parle, peut-on supposer, se moque du chiffre de 300 millions de dollars attribué à Ben Laden, et situe sa fortune dans une fourchette de 30 à 55 millions de dollars. En tout état de cause, la majeure partie des avoirs d'Oussama Ben Laden lui a été confisquée par sa famille et les autorités saoudiennes, bien avant le 11 septembre. Les actions imputées

au réseau Al-Qaida n'exigeaient pas des moyens financiers astronomiques (le coût total de préparation des attentats du 11 septembre est estimé à 500 000 dollars par les enquêteurs américains); elles exigeaient surtout des hommes très déterminés et beaucoup d'ingéniosité.

61. « L'anti-islamisme » semble bien parti pour devenir, à son tour, un « socialisme des imbéciles » !

62. Don Van Natta Jr. et Kate Zernike, « Hijackers' Meticulous Strategy of Brains, Muscle and Practice », *New York Times,* 4 novembre 2001. Signalons aussi cette remarque faite à la chaîne PBS par l'anthropologue « saoudienne » Mai Yamani — chercheuse au Royal Institute for International Affairs de Londres et première femme originaire du royaume à avoir obtenu un doctorat de l'université d'Oxford — selon laquelle les patronymes des kamikazes « saoudiens » laissent supposer que cinq d'entre eux proviennent de tribus du Hedjaz et onze de la province d'Assir. « Nous savons [...] que ces gens ont encore le sentiment d'être à la périphérie. La périphérie n'est pas seulement un état géographique, mais un tout, vous savez, politiquement. Ils se sentent isolés et marginalisés. Ces sentiments de marginalisation, d'exclusion du centre, d'insatisfaction, et autres — ne sont-ils pas liés à leurs rapports et leur soutien à Ben Laden ? C'est une question qu'il faut poser et examiner... » (« Saudi Time Bomb ? », *op. cit.*).

63. Sur l'anomie, voir le prochain chapitre.

64. Émile Durkheim, *Le Suicide,* PUF, Paris, 1991, p. 264-288.

65. Daniel Pipes, « God and Mammon : Does Poverty Cause Militant Islam ? », *The National Interest,* n° 66, hiver 2001-2002. Ainsi, l'auteur ne semble pas comprendre que le boom pétrolier des années 1970 s'est traduit, pour nombre d'habitants des pays concernés, plus par l'appauvrissement dû à une inflation galopante que par une hausse de leurs revenus. Il semble avoir une vision idyllique de la réalité sociale dans des pays comme le Maroc ou la Jordanie, laisse entendre que le processus d'Oslo a apporté le bien-être matériel aux Palestiniens des territoires occupés en 1967, affirme que l'intégrisme islamique est plus fort en Cisjordanie qu'à Gaza et minimise la montée des courants intégristes en Indonésie. Le plus absurde de ses arguments visant à réfuter l'explication de l'intégrisme islamique par la paupérisation est celui qui consiste à souligner (p. 18) que l'appauvrissement des Iraniens depuis 1979 n'a pas

renforcé leur soutien au régime islamique qui en est responsable !

66. Terry McDermott, « A Perfect Soldier », *Los Angeles Times,* 27 janvier 2002.

Haine, barbaries, asymétrie et anomie

Il n'est point besoin de théories fantasmatiques ou d'élucubrations philosophiques pour comprendre les motivations d'Oussama Ben Laden. Cet intégriste religieux n'est pas un « nihiliste » : il ne se reconnaîtrait sûrement pas dans les versions nietzschéenne ou heideggérienne du nihilisme — sauf, peut-être, dans le mépris pour les « derniers hommes » qui n'est pas propre aux seuls nihilistes — et ce n'est pas plus à la lecture de Dostoïevski que l'on comprendra le ressort de ses actions, comme l'a tenté André Glucksmann.

La désignation « nihiliste » chez cet auteur, comme l'appellation « terroriste » chez Bush, a une fonction idéologique évidente : elle « fonde en droit une alliance universelle contre le terrorisme entendu, précisons-le, dans sa version nihiliste[1] ». À l'instar du pirate des mers de jadis, explique l'ancien « nouveau philosophe », Ben Laden doit être déclaré « ennemi de l'humanité (*hostis generis humani*), à charge pour tous les pouvoirs de s'en emparer "mort ou vif" ». Après quoi Glucksmann ajoute immédiatement : « L'expression réitérée par le président américain est traditionnelle et bienvenue, malgré les incompréhensions et les sourires méprisants d'auditeurs sans mémoire[2]. » On reste perplexe sur ce que l'expression « mort ou vif » peut évoquer de si bienvenu dans la mémoire d'André Glucksmann. Mais il est vrai qu'il peut se prévaloir en la matière d'une fatwa de Michael Walzer, grand ayatollah de la « guerre juste », qui a justifié l'assassinat des chefs politiques des organisations terroristes en arguant du fait que l'on ne prévoit pas de négocier avec eux[3].

En réalité, au-delà de ressemblances superficielles entre les formes conspiratives, la vision du monde du chef fanatique d'Al-Qaida a peu de chose en commun avec celle des terroristes foncièrement athées de la Russie des tsars au XIXe siècle, ou même avec la caricature qu'en dessine l'auteur des *Possédés*. Ben Laden ne visait certainement pas à « l'ébranlement systématique de tous les fondements », ni ne cherchait à « décourager tout le monde », contrairement aux personnages de Dostoïevski[4]. Il visait à terroriser le gouvernement et la population des États-Unis, pour les obliger à céder sur des revendications clairement définies, ainsi qu'à galvaniser les populations musulmanes, tout en propageant sa foi intégriste et fanatique. Il suffit d'écouter ou de lire ses propres explications. On en trouvera un exposé très complet dans les propos que filma, en mai 1998, un journaliste de la chaîne américaine ABC dans le sud de l'Afghanistan : la première partie de la bande-vidéo, dont la transcription a été rendue publique par la chaîne PBS, consiste en une discussion tout à fait éclairante entre l'ennemi public numéro un de Washington et quelques-uns de ses disciples.

Haine et stratégie

La haine d'Oussama Ben Laden pour les États-Unis n'a d'égale que sa haine de la monarchie saoudienne. Souhaitant renverser cette dernière, il savait pertinemment qu'elle ne pourrait l'être tant qu'elle bénéficierait de la protection états-unienne. Son combat visait donc, au premier chef, à forcer le retrait des troupes américaines du royaume saoudien et à mettre fin à la protection qu'ils accordent à son régime exécrable.

« L'appel à mener la guerre contre l'Amérique a été lancé parce que l'Amérique a pris la tête de la croisade contre la nation islamique, envoyant des dizaines de milliers de ses soldats dans le pays des deux mosquées saintes, en plus de se mêler de ses affaires et de sa politique, et de soutenir le régime oppressif, corrompu et tyrannique qui le gouverne. Telles sont les raisons pour lesquelles l'Amérique en particulier a été désignée pour cible[5]. »

C'était là son unique objectif déclaré, son action visant à l'atteindre par la pression terroriste, ou, à défaut, à conquérir, au moyen de ce combat spectaculaire, une hégémonie idéologique sur les opinions publiques « saoudienne », arabe et musulmane. Toutes les autres causes, comme le sort des Irakiens ou des Palestiniens, n'ont été d'abord invoquées qu'à titre d'arguments polémiques — et, bien sûr, afin de motiver les non-« Saoudiens » parmi ses partisans. À quiconque l'a interroge sur le fait de ne pas faire de distinction entre militaires et civils, Ben Laden a, en effet, systématiquement répondu que les États-Unis et leurs alliés israéliens ne s'embarrassent pas de scrupules pour tuer des civils, et notamment des enfants, en Irak et en Palestine.

Cependant, dans les mois qui précédèrent le 11 septembre, le guide du réseau Al-Qaida commença à accorder beaucoup plus d'importance à la situation des Palestiniens, en rapport avec ce qui a été appelé la « seconde Intifada ». Puis, dans son message vidéo diffusé le 7 octobre, le jour du début de l'opération « Enduring Freedom », il éleva la Palestine au rang d'objectif direct de son combat — tout comme le fit Saddam Hussein en 1990, afin de maximiser son soutien au moyen de la cause singulière la plus populaire du monde musulman.

« Quant à l'Amérique, je lui dis, ainsi qu'à son peuple, des mots comptés : je jure par Dieu tout-puissant, qui a élevé les cieux sans piliers, que ni l'Amérique, ni ceux qui vivent en Amérique, ne rêveront de la sécurité, avant que nous ne la vivions réellement en Palestine, et avant que toutes les armées mécréantes ne quittent la terre de Mahomet, que la bénédiction et le salut de Dieu soient sur lui[6]. »

Plus clairvoyant que Saddam Hussein, Oussama Ben Laden ne s'est pas fait d'illusions, toutefois, sur la possibilité de l'emporter sur les États-Unis dans une guerre frontale. Il a compris que, face à la supériorité militaire écrasante de ces derniers, ceux qui veulent leur porter des coups violents et douloureux n'ont d'autre recours que ce qu'on appelle officiellement à Washington, depuis 1997, des « moyens asymétriques », définis comme étant « des approches non conventionnelles qui évitent ou sapent nos points forts tout en exploitant nos points vulnérables[7] ». C'est ainsi qu'à défaut de pouvoir mener contre les États-Unis « la mère de toutes les batailles », les disciples d'Oussama Ben Laden ont indiscutablement réussi à leur infliger « la mère de tous les attentats terroristes ».

La finalité de cette méthode d'action est tout à fait rationnelle, contrairement à ce que beaucoup veulent croire. Pour Ben Laden, il s'agissait de créer une situation telle que la population américaine — excédée de faire les frais de l'engagement de son gouvernement dans une région du monde à laquelle elle n'est pas plus attachée qu'elle ne l'était au Vietnam naguère — fasse pression dans le sens du désengagement et du retrait. C'est pourquoi il adressait ses avertissements tant au gouvernement américain et à ses alliés occidentaux qu'à leurs peuples — comme dans son message du 7 octobre, ou comme il le faisait plus clairement encore dans ses déclarations de 1998, sous forme de mise en garde : « Les régimes occidentaux et le gouvernement des États-Unis portent la responsabilité de ce qui pourrait arriver. Si leurs peuples ne souhaitent pas être touchés à l'intérieur même de leurs pays, ils devraient chercher à élire des gouvernements qui les représentent vraiment et qui peuvent protéger leurs intérêts[8]. »

Dans ses réponses directes au journaliste de la chaîne ABC, le chef d'Al-Qaida, après avoir accusé l'administration Clinton de représenter les intérêts des « juifs », avertissait : « Si l'injustice actuelle continue, avec la prise de conscience nationale, elle se transportera inévitablement sur le sol américain, comme Ramzi Yousef [l'organisateur de l'attentat de 1993 contre le World Trade Center] et d'autres l'ont fait. Tel est mon message au peuple américain. Je les incite à trouver une administration sérieuse qui agisse dans leur intérêt et n'attaque pas les peuples, ni ne viole leur honneur et pille leurs richesses[9]. »

Quelques mois plus tard, cependant, après les frappes états-uniennes sur l'Irak au cours de l'opération « Renard du désert », Ben Laden changeait de ton et déclarait à la chaîne Al-Jazira : « Chaque homme américain est un ennemi pour nous, ceux qui se battent directement contre nous comme ceux qui paient les impôts. Vous avez peut-être entendu ces jours-ci que ceux qui soutiennent Clinton dans ses frappes contre l'Irak sont environ les 3/4 du peuple américain. Un peuple dont la popularité de son président augmente lorsqu'il frappe les innocents [...] est un peuple dégénéré qui ne comprend rien du tout aux valeurs[10]. »

Ben Laden semblait avoir saisi une dimension fondamentale de toute stratégie de lutte contre les États-

Unis : on ne peut pas les vaincre militairement, et la voie la plus efficace pour faire plier leur gouvernement passe par la population américaine. Il a commis, par contre, deux erreurs fatales : la première est d'avoir sous-estimé l'importance de la péninsule arabique, principal réservoir de pétrole du monde, pour la classe dominante états-unienne. Cette erreur, commise avant lui par Saddam Hussein, entraîne une sous-estimation de la détermination des gouvernants des États-Unis à ne reculer devant rien pour défendre leurs intérêts dans cette région, beaucoup plus importante à leurs yeux que ne pouvait l'être l'Indochine — et, à plus forte raison, la Somalie, que Ben Laden citait, illusoirement, comme preuve de leur « faiblesse[11] ».

La seconde erreur fatale de Ben Laden est d'avoir cru qu'en s'en prenant de manière aussi criminelle et ravageuse à la population américaine, il parviendrait à la convaincre de forcer ses gouvernants à se désengager. Erreur fatale que commettent de la même façon les kamikazes palestiniens du Hamas : dans un cas comme dans l'autre, les actions terroristes touchant les civils ne font que rallier les populations visées aux politiques les plus réactionnaires et les plus brutales de leurs gouvernants. Si les Vietnamiens ont réussi à obtenir le retrait des troupes états-uniennes de leur sol en 1973, c'est en combinant une lutte militaire incontestablement légitime dans ses modalités, qui visait l'armée d'occupation, avec un discours adressé au peuple américain, faisant appel à son sens de la justice et non à sa peur. La supériorité morale du combat des Vietnamiens a grandement compensé l'infériorité de leurs moyens militaires.

Cela dit, il est vrai que les kamikazes, palestiniens aussi bien que « saoudiens » ou autres, qui sacrifient leur vie afin de tuer le plus grand nombre de personnes de la population du pays ennemi, ne font pas forcément tous de tels calculs politico-stratégiques. Mais ils ne sont pas motivés pour autant, autrement que de manière secondaire, par la croyance en l'obtention d'un visa pour le paradis. Et ils sont encore moins motivés par la haine des « valeurs » que George Bush prétend représenter. Comme d'autres candidats au martyre, croyants ou athées, ils sont essentiellement mus par la haine implacable que suscite la domination brutale, meurtrière, cynique et arrogante de la plus grande puissance de la planète, cette haine qui explique la grande popularité des attentats du 11 septembre dans le tiers-monde, et au-delà [12].

« La haine en tant que facteur de lutte ; la haine intransigeante de l'ennemi, qui donne une ardeur au-delà des limites naturelles de l'être humain et le transforme en une machine à tuer, efficace, violente, sélective et froide. Nos soldats doivent être ainsi ; un peuple sans haine ne peut pas triompher d'un ennemi brutal.

Il faut porter la guerre jusqu'où l'ennemi la porte ; jusqu'à sa maison, ses lieux de plaisir ; la rendre totale. Il faut l'empêcher d'avoir un seul instant de tranquillité, une minute de calme hors de ses casernes, et même à l'intérieur ; l'attaquer partout où il se trouve ; qu'il se sente une bête féroce, traquée partout où elle passe. Alors son moral déclinera. Il deviendra encore plus bestial, mais on verra les signes du déclin apparaître [13]. »

Oussama Ben Laden ? Non : Ernesto Che Guevara, dans le plus célèbre de ses écrits, son message à la Tricontinentale en 1967, quelques mois avant sa mort tragique.

La haine, on l'a vu cependant, est trop souvent aveugle et bien mauvaise conseillère. En dirigeant les avions détournés vers leurs cibles monumentales, les kamikazes du 11 septembre ont très probablement connu cette « joie d'extatique » que Malraux attribue, dans *La Condition humaine,* à Tchen, le communiste chinois qui se précipite « les yeux fermés », la bombe sous le bras, sur la voiture de Tchang Kaï-chek[14], et qui a plus de points communs avec les kamikazes musulmans que les personnages de Dostoïevski. Ils ont abattu les deux colonnes du World Trade Center à la façon du Samson de la Bible, motivés par le même type de haine de l'ennemi et de soif de vengeance :

« Il y avait là tous les princes des Philistins et, sur le toit, environ trois mille hommes et femmes qui regardaient les jeux de Samson. Samson invoqua Yahvé et il s'écria : "Seigneur Yahvé, je t'en prie, souviens-toi de moi, donne-moi des forces encore cette fois et que, d'un seul coup, je me venge sur les Philistins pour mes deux yeux." Et Samson tâta les deux colonnes du milieu sur lesquelles reposait l'édifice, il s'arc-bouta contre elles, contre l'une avec son bras droit, contre l'autre avec son bras gauche, et il s'écria : "Que je périsse avec les Philistins !" Il poussa de toutes ses forces et l'édifice s'écroula sur les princes et sur tout le peuple qui se trouvait là. Ceux qu'il fit périr en mourant furent plus nombreux que ceux qu'il avait fait périr pendant sa vie[15]. »

Vengeance terrible, mais ô combien vaine ! Les kamikazes du 11 septembre auront aussi fait périr, au bout du compte, beaucoup plus des « leurs » : Afghans, Palestiniens, Tchétchènes et autres musulmans, victimes de la vengeance encore plus terrible de l'Empire et de ses alliés, plus déchaînés et plus libres d'assassiner que jamais. Guevara se trompait : la bête féroce ne perd son moral que si elle est traquée par plus fort qu'elle, par un ennemi contre lequel elle est impuissante — et c'est toujours le plus fort qui traque en dernier. Ensanglantée par moins fort qu'elle, la bête féroce devient seulement plus bestiale encore. Le mécanisme clausewitzien de la montée aux extrêmes est alors enclenché.

« Dans une affaire aussi dangereuse que la guerre, les erreurs dues à la bonté d'âme sont précisément la pire des choses. Comme l'usage de la force physique dans son intégralité n'exclut nullement la coopération de l'intelligence, celui qui use sans pitié de cette force et ne recule devant aucune effusion de sang prendra l'avantage sur son adversaire, si celui-ci n'agit pas de même. [...] Ignorer l'élément de brutalité, à cause de la répugnance qu'il inspire, est un gaspillage de force, pour ne pas dire une erreur[16]. »

Le choc des barbaries

Quel formidable contresens que celui qui a consisté à appeler « choc des civilisations » ce qui est, de toute évidence, un « choc des barbaries » ! Certes, Samuel Huntington avait pris soin, dans son ouvrage, de préciser qu'il distinguait entre deux acceptions de la notion de « civilisation », l'une utilisable au pluriel et l'autre toujours au singulier, qui peuvent être contradictoires, au sens où « une civilisation au sens pluriel peut en fait être très peu civilisée au sens singulier[17] ». Mais cette distinction simpliste, fondée, entre autres, sur une lecture réductrice de Fernand Braudel[18], évacue le problème du rapport intime entre les deux notions. En effet, la Civilisation au sens singulier (que l'on distinguera par la majuscule), en tant qu'adoucissement des mœurs, maîtrise de l'agressivité et pacification des rapports interindividuels et interétatiques, doit être conçue comme un processus, qui n'est pas encore achevé, mais est « en train de se faire[19] », selon l'analyse célèbre de Norbert Elias que Huntington ne mentionne même pas.

En adoptant la conception d'Elias, tout en dépassant l'ethnocentrisme occidental auquel celui-ci n'échappe guère, il n'est pas difficile de démontrer qu'il y a effectivement un « processus de Civilisation », à l'échelle de la longue durée historique, agissant à travers les diverses civilisations, dans leurs évolutions autonomes comme dans leurs interactions. Mais on ne saurait perdre de vue le corollaire de ce processus historique, tout aussi vérifiable, en vertu duquel chaque degré atteint dans le progrès de la Civilisation engendre des modalités spécifiques de la Barbarie, de sorte que chaque civilisation sécrète des formes de barbarie qui lui sont propres. Non pas des aberrations du « processus de civilisation » — comme Enzo Traverso l'a souligné à juste titre, dans un brillant petit ouvrage sur la généalogie européenne de la violence nazie, inspiré de Hannah Arendt — « mais l'expression d'une de ses potentialités, d'un de ses visages, d'une de ses dérives possibles [20] ». C'est pourquoi il est plus juste encore de parler avec Herbert Marcuse de « dialectique de la civilisation » :

« La destructivité de l'étape actuelle ne révèle toute sa signification que si le présent est mesuré, non par rapport aux étapes passées, mais par rapport à ses propres potentialités. Il y a plus qu'une différence quantitative dans le fait que les guerres soient menées entre des armées professionnelles dans des espaces limités, ou contre des populations entières à une échelle mondiale ; dans le fait que des inventions techniques qui pourraient débarrasser le monde de la misère soient utilisées pour la conquête ou pour créer des souffrances ; dans le fait que des milliers soient tués au combat ou que des millions soient exterminés scientifiquement avec l'aide de médecins et d'ingénieurs ; dans le fait que les exilés puissent trouver refuge en traversant les frontières ou soient pourchassés sur toute la planète ; dans le fait que les gens soient naturellement ignorants ou soient *rendus* ignorants par leur absorption quotidienne d'information et de divertissement [21]. »

Aussi faudrait-il également distinguer entre la Barbarie au sens singulier et les barbaries au sens pluriel. Marx l'avait relevé, dans son article déjà cité : « La cruauté, comme toute autre chose, a sa façon, qui change selon le temps et le lieu. César, homme de grande culture, raconte avec candeur comment il ordonna que l'on tranche la main droite à plusieurs milliers de guerriers gaulois. Napoléon aurait eu honte de faire cela. Il préféra envoyer à Saint-Domingue ses propres régiments français, suspects de républicanisme, pour qu'ils y meurent des Noirs [*sic*] et de la peste[22]. »

À chaque civilisation sa barbarie : les uns coupent les gorges, méthode traditionnelle du meurtre en Afghanistan, transposée en Algérie par les vétérans de la guerre contre les Soviétiques, et symbolisée par les cutters des kamikazes du 11 septembre ; les autres « coupent les marguerites », c'est-à-dire qu'ils tuent massivement à distance, au moyen des « daisy cutters », les bombes « conventionnelles » (de 7 tonnes environ) les plus meurtrières qui existent ; les uns détournent des avions de ligne pour s'en servir comme missiles dans l'assassinat de civils ; les autres larguent des missiles de croisière, en des frappes « chirurgicales » qui sont à la chirurgie ce que la tronçonneuse est au bistouri.

Les uns visent à impressionner le plus grand nombre par le spectacle de leurs victimes ; les autres, Tartuffes de la vengeance, ordonnent aux médias, en imitant le personnage de Molière : « Cachez ces morts que nous ne saurions voir : / Par de pareils objets les âmes sont blessées, / Et cela fait venir de coupables pensées. » L'hypocrisie est, en effet, l'hommage que la Barbarie rend à la Civilisation, comme le vice à la vertu. Les nazis, même eux, ont caché leur entreprise d'extermination à froid, derrière les barbelés de leurs camps.

Mais comment juger, dès lors, le fait que le Pentagone, dirigé par Donald Rumsfeld, ait cru bon de se vanter de la façon déshumanisante dont il a transporté et réceptionné au camp X-Ray, à Guantánamo, les prisonniers capturés dans ce qui est officiellement appelé « guerre contre le terrorisme » en Afghanistan. Ces prisonniers auxquels on dénie pourtant, contre toute logique, le statut de prisonniers de guerre, et dont Rumsfeld a cru pouvoir justifier le traitement qui leur a été infligé en les qualifiant de « combattants illégaux » (*unlawful combatants*), innovation juridique qui semble être l'équivalent « civilisé », pour un État de droit, de ce que furent les *Untermenschen* (« sous-hommes ») pour l'État nazi — ces *Untermenschen* dont Primo Levi a décrit, de manière saisissante, comment ils étaient eux-mêmes l'objet d'un classement à Auschwitz, les damnés du bas de l'échelle étant surnommés *Muselmänner* (« musulmans »)[23].

Muselmänner, comme ces milliers d'immigrants qui se sont trouvés pris dans les filets de la répression et de la paranoïa collective aux États-Unis, à la suite du 11 septembre 2001, et dont plusieurs centaines sont maintenus en détention arbitraire, et souvent dans le secret, en violation des droits de la personne humaine, reconnus par la Constitution états-unienne et la déclaration universelle de 1948.

Des milliers de civils directement assassinés en l'espace d'un matin à New York ; des dizaines de milliers de civils indirectement assassinés tous les ans en Irak, depuis dix ans. Telle est l'échelle comparative des meurtres de chaque barbarie : plus une civilisation est riche et puissante, plus sa barbarie est funeste. Les nazis de la puissante Allemagne ont inventé naguère le génocide industriel. Le « biogénocide » par non-assistance industrielle, dont se rendent aujourd'hui coupables les pays riches à l'égard des Noirs africains et autres victimes misérables du sida, témoignerait-il d'un progrès de la Civilisation ? Il est permis d'en douter.

On peut imaginer ce que Michel Foucault, l'un des meilleurs découvreurs des formes de barbarie inhérentes à la civilisation capitaliste moderne, aurait pu écrire sur ce « biogénocide » provoqué par le sida, s'il n'en était mort lui-même. Il y aurait certainement vu une manifestation particulièrement révoltante de ce « biopouvoir », né au XIXe siècle, de l'ajout du « droit de faire vivre et de laisser mourir » au « vieux droit de souveraineté — faire mourir ou laisser vivre »[24], et qui est aujourd'hui, lui aussi, « mondialisé ». « Laisser mourir » : n'est-ce pas ce dont l'Occident est coupable aujourd'hui vis-à-vis des victimes du sida, comme d'ailleurs de tant d'autres fléaux qui déciment les populations les plus pauvres, et qu'une fraction des dépenses militaires et autres dépenses superflues des pays les plus riches suffirait à juguler ou éradiquer, sans parler du sauvetage de ceux qui en sont déjà atteints ? Le « biogénocide » par non-assistance n'est-il pas au génocide par extermination ce que le pouvoir de « laisser mourir » est au pouvoir de « faire mourir » ?

« Comment peut-il laisser mourir, ce pouvoir qui a essentiellement pour objectif de faire vivre ? Comment exercer le pouvoir de la mort, comment exercer la fonction de la mort, dans un système politique centré sur le biopouvoir ?

C'est là, je crois, qu'intervient le racisme. [...] Ce qui a inscrit le racisme dans les mécanismes de l'État, c'est bien l'émergence de ce biopouvoir. C'est à ce moment-là que le racisme s'est inscrit comme mécanisme fondamental du pouvoir, tel qu'il s'exerce dans les États modernes, et qui fait qu'il n'y a guère de fonctionnement moderne de l'État qui, à un certain moment, à une certaine limite, et dans certaines conditions, ne passe par le racisme.

En effet, qu'est-ce que le racisme ? C'est, d'abord, le moyen d'introduire enfin, dans ce domaine de la vie que le pouvoir a pris en charge, une coupure : la coupure entre ce qui doit vivre et ce qui doit mourir[25]. »

Plutôt qu'un « choc des civilisations », l'affrontement actuel est donc, bel et bien, le choc de ces barbaries que les civilisations sécrètent, à doses variables, au cours du long processus historique et dialectique de la Civilisation — comme des excréments d'autant plus importants que les sociétés sont gloutonnes, et qui menacent aujourd'hui, une fois encore, d'engloutir en une Barbarie généralisée les acquis essentiels de la Civilisation au singulier. Car les modalités spécifiques de la Barbarie potentielle peuvent toujours l'emporter sur la Civilisation à la faveur des crises, à l'instar de la barbarie nazie produite par l'un des fleurons de la « civilisation occidentale » avancée, comme le réaffirmait Enzo Traverso dans une conclusion que n'aurait pas désavouée l'auteure des *Origines du totalitarisme* dont il s'est inspiré[26]. Or, nous sommes manifestement parvenus derechef à l'une de ces époques où, comme l'expliquait Freud, la pulsion de mort et de destruction, jusque-là contrôlée par la « culture », ou Civilisation, au service de l'Éros, ou pulsion de vie, se libère de ses inhibitions :

« Dans des circonstances qui lui sont favorables, lorsque sont absentes les contre-forces animiques qui d'ordinaire l'inhibent, elle [l'agressivité] se manifeste d'ailleurs spontanément, dévoilant dans l'homme la bête sauvage, à qui est étrangère l'idée de ménager sa propre espèce. Quiconque se remémore les atrocités de la migration des peuples, des invasions des Huns, de ceux qu'on appelait Mongols sous Gengis Khan et Tamerlan, de la conquête de Jérusalem par les pieux croisés, et même encore les horreurs de la dernière Guerre mondiale, ne pourra que s'incliner humblement devant la confirmation de cette conception par les faits[27]. »

Les admirateurs des kamikazes du 11 septembre ont jubilé au spectacle de l'effondrement des deux tours, et en redemandent. Les admirateurs des forces armées états-uniennes se sont délectés au spectacle de l'écrasement de l'Afghanistan, et en redemandent. Nous sommes bien, en effet, dans une de ces « époques de bouleversements sociaux » où, selon Elias, « la cruauté, le plaisir que procurent l'anéantissement et la souffrance d'autrui, le sentiment de satisfaction que nous procure notre supériorité physique [...] éclatent brutalement, en faisant litière des sentiments de honte et de malaise[28] ».

De part et d'autre, « l'hostilité absolue » envers « l'ennemi absolu », selon les formules de Carl Schmitt, déploie ainsi sa violence extrême et sa logique d'extermination : « Les hommes qui utilisent ces moyens contre d'autres hommes se voient contraints d'anéantir aussi moralement ces autres hommes, leurs victimes et leurs objets. Ils sont forcés de déclarer criminel et inhumain dans son ensemble le camp adverse, d'en faire une non-valeur totale, sous peine d'être eux-mêmes des criminels et des monstres[29]. »

Pris individuellement, chaque acte barbare peut être considéré comme également condamnable d'un point de vue moral : aucune éthique civilisée ne saurait justifier l'assassinat délibéré, ciblé ou à l'aveuglette, de non-combattants et d'enfants, par le terrorisme étatique ou non gouvernemental. La cause est généralement entendue lorsqu'il s'agit du meurtre intentionnel de civils dans le but de semer la terreur. Elle devrait l'être aussi lorsque le meurtre de civils est la conséquence, que l'on sait, par avance, inéluctable, d'une attaque contre des combattants que n'impose pas une nécessité impérieuse. La notion de « dommages collatéraux », appliquée par le Pentagone aux victimes civiles de ses bombardements, outre le fait qu'elle constitue une banalisation cynique du meurtre d'innocents, n'est qu'une tentative hypocrite d'excuser les meurtres qui résultent de recours répétés à la forcc militaire — qui sont tout simplement criminels, lorsqu'ils ne sont pas le seul recours possible et qu'ils aboutissent à supprimer plus de vies humaines qu'ils n'en préservent.

Pour autant, on ne saurait, du point de vue de l'équité, se draper dans une éthique métaphysique rejetant au même titre toutes les barbaries : elles ne pèsent pas toutes d'un poids égal dans la balance de la justice. Certes, la barbarie ne saurait servir de moyen de « légitime défense » : elle est toujours illégitime, par définition. Mais il n'empêche qu'entre deux barbaries opposées, la plus coupable est encore celle du plus fort qui est en situation d'oppresseur[30]. Sauf en cas d'irrationalité avérée, la barbarie des faibles est le plus souvent, en toute logique, une réaction à celle des forts : car sinon, à quelle fin les faibles provoqueraient-ils les forts, au risque de se faire écraser ? C'est d'ailleurs pourquoi les forts cherchent à cacher leur culpabilité en prêtant une nature démentielle, démoniaque et bestiale à leurs ennemis.

La prévention du terrorisme

Si le but est bien de mettre un terme à la Barbarie, à toutes les barbaries, il faut en supprimer d'abord les causes premières. Quelles sont donc les causes de la montée des barbaries à l'échelle mondiale ? Examinons d'abord le choc international de celles qui sont inscrites dans des civilisations différentes, en commençant par la barbarie des faibles, puisque nous partons de l'hypothèse logique qu'elle est seconde par rapport à celle des forts — elle devrait donc nous renvoyer à cette dernière. Commençons par celle qui est au point de départ de notre réflexion et qui s'est manifestée le 11 septembre 2001.

Comment expliquer la progression inexorable des violences du réseau Al-Qaida en un terrorisme de plus en plus massif, autrement que par la démence ou le Mal absolu, au sens de Hannah Arendt — « absolu parce qu'il ne peut plus être déduit de motifs humainement compréhensibles[31] » ? La réponse était connue à Washington, et parfaitement comprise, longtemps à l'avance. Elle se trouve au cœur même du concept des « moyens asymétriques », évoqué plus haut et apparu dans la littérature officielle washingtonienne en rapport direct avec le conflit entre les États-Unis et le réseau d'Oussama Ben Laden, avant que ce conflit n'atteigne un nouveau palier, en 1998, avec les attentats contre les ambassades américaines en Afrique orientale et les lancers de missiles de croisière sur l'Afghanistan et le Soudan.

Le premier rapport quadriennal sur la défense états-unienne — publié en 1997, en vertu du mandat donné à chaque nouvelle administration de présenter au Congrès sa vision de la programmation militaire (*National Defense Authorization Act* de 1996) — expliquait fort bien la nouvelle propension au recours aux « moyens asymétriques », avec une prescience remarquable de ce qui attendait les États-Unis :

« En effet, la dominance états-unienne dans le domaine militaire conventionnel peut inciter des adversaires à utiliser de tels moyens asymétriques [des moyens d'attaque non conventionnels, comme le terrorisme] pour attaquer nos forces et intérêts à l'étranger, ainsi que les Américains dans leur pays. C'est-à-dire qu'ils chercheront probablement à obtenir un avantage sur les États-Unis en utilisant des approches non conventionnelles pour *contourner* ou *saper* nos points forts tout en *exploitant* nos vulnérabilités. Stratégiquement, un agresseur peut chercher à éviter l'affrontement militaire direct avec les États-Unis, en utilisant plutôt des moyens comme le terrorisme, les menaces NBC [nucléaires, biologiques, chimiques], la guerre informatique ou le sabotage environnemental, pour réaliser ses objectifs[32]. »

Un tel document montre parfaitement que si le 11 septembre 2001 a pu surprendre le gouvernement états-unien par la technique utilisée, le fait même d'une attaque terroriste de grande ampleur sur son sol national ne constituait nullement une surprise pour lui. Les grands discours post-11 septembre sur la fin soudaine de l'invulnérabilité des États-Unis et de la sanctuarisation de leur territoire sont peut-être bons pour la consommation du public non averti. Mais en réalité, cela faisait longtemps que les autorités compétentes avaient fait leur deuil de cette idée d'invulnérabilité, déjà concrètement entamée par plusieurs actions, parmi lesquelles — il ne faut pas l'oublier — la première tentative de détruire les tours du World Trade Center qui remonte à 1993. Cette tentative n'avait pas été déjouée par la vigilance et l'efficacité des services chargés de la protection du territoire, mais tout bêtement par le dosage insuffisant du mélange explosif utilisé[33] ! Si elle avait réussi, elle aurait entraîné considérablement plus de morts que les attentats survenus huit ans et demi après.

Face à des adversaires aussi déterminés, prêts au suicide, il est clair qu'aucune mesure de prévention sécuritaire ne saurait être suffisante, et les milliards de dollars aujourd'hui consacrés à la tâche de la « Homeland Security » par l'administration Bush n'y changeront pas grand-chose, sauf à renforcer considérablement le Big Brother qui surveille les faits et gestes des citoyens des États-Unis eux-mêmes[34].

La détermination des ennemis et leur « hostilité absolue » font que la dissuasion est inopérante à leur égard : « Le concept de dissuasion requiert qu'il y ait à la fois conflit et intérêt commun entre les parties impliquées ; il est aussi inapplicable à une situation d'antagonisme pur et complet d'intérêts qu'à un cas de communauté pure et complète d'intérêts[35]. »

Il faudrait donc avoir recours à la prévention politique : autrement dit, œuvrer à réduire ou éliminer les causes de « l'hostilité absolue », de manière à dégager la possibilité d'un « intérêt commun ». Comment le gouvernement états-unien a-t-il tenté de prévenir la catastrophe annoncée ? Sous Bill Clinton, qui avait été salué à son entrée en fonction par la première tentative de destruction des tours de Manhattan, chacune des deux administrations successives — la seconde (1997-2001) en particulier, après que les menaces se furent précisées et que l'escalade dans le conflit avec le réseau Al-Qaida eut suivi son cours — s'est inquiétée de cet aspect des choses.

La première question qui s'impose à cet égard est la suivante : étant donné l'importance du prix en vies humaines payé par les États-Unis, à plusieurs reprises, du fait du maintien de leurs troupes sur le sol du royaume saoudien, pourquoi Washington n'a-t-il pas retiré ces troupes dont l'effectif n'est que de 5 000 militaires environ, et qui auraient pu être stationnées, dès le départ, au Koweït voisin, où leur présence cause beaucoup moins de problèmes ? C'est un fait notoire que, dès leur arrivée dans le royaume en 1990, les troupes états-uniennes ont suscité de fortes réactions hostiles au sein de la population. Washington savait pertinemment, par ailleurs, à quel point le stationnement de ses troupes dans le royaume poserait problème à long terme : c'est pour cette raison, comme il a déjà été rappelé, que la base de Dharan avait dû être évacuée par les forces états-uniennes en 1962. L'entêtement des administrations successives à maintenir sur place ces 5 000 militaires, comme gage de sa protection tutélaire sur ce Texas islamique, est un choix fait contre la sécurité des citoyens des États-Unis qui l'ont déjà payé de près d'un nombre égal de morts.

Le deuxième élément de prévention politique du terrorisme anti-états-unien d'origine islamique concerne le dossier irakien. Les États-Unis ont maintenu au fil des ans, contre le gré d'une partie de leurs propres alliés et partenaires, un embargo meurtrier qui, loin de nuire au tyran qui gouverne l'Irak par la terreur, a facilité sa tâche en débilitant la population de ce pays, devenue l'objet d'une commisération indignée de la part de l'ensemble du monde arabe. Cette attitude a fortement contribué, par le même fait, à l'exacerbation des sentiments anti-américains dans cette partie du monde, sentiments dont Ben Laden s'est imposé comme représentant attitré de l'expression la plus véhémente.

Le troisième élément de prévention politique du terrorisme anti-états-unien d'origine islamique concerne le dossier israélo-palestinien. C'est le seul sur lequel l'administration Clinton a tenté d'agir, et il faut reconnaître que son action politique préventive sur ce dossier, aussi insuffisante fût-elle, apparaît rétrospectivement comme un modèle de clairvoyance, lorsqu'elle est comparée à l'attitude de l'administration Bush, avant et après le 11 septembre.

« La priorité suprême de Clinton au Moyen-Orient, et l'objectif moteur de la politique étrangère sous sa présidence, était la paix entre Israël et ses voisins. Martin Indyk, qui a été son conseiller à la Maison-Blanche ainsi que sous-secrétaire d'État pour les affaires du Proche-Orient, a décrit le rapport inverse entre le terrorisme et le succès à la table des négociations.

“Après la guerre du Golfe et l'effondrement de l'Union soviétique, il y avait le sentiment très réel de l'existence d'une occasion historique pour réaliser une paix globale au Moyen-Orient, a-t-il dit. Cela devint la priorité. La supposition était que si l'on pouvait réaliser ce type de percée, il aurait un effet transformateur sur l'ensemble de la région." Cela, à son tour, aurait "porté un coup à ceux qui s'opposaient au processus de paix, en utilisant le terrorisme en particulier à cette fin"[36]. »

Ainsi donc, le lien étroit entre la propension au « terrorisme » et l'évolution du conflit israélo-arabe — lien aussi évident que le rapport entre l'invasion israélienne du Liban en 1982 et les premiers attentats-suicides contre les États-Unis, dans ce même pays, en 1983 — avait été clairement établi par l'administration Clinton et contribue à expliquer, selon Martin Indyk, la priorité que celle-ci a accordée à la tentative de trouver un règlement à ce conflit. Reste que l'ancienne administration n'est pas intervenue avec équité dans les affaires du Moyen-Orient, et a montré un parti pris évident en faveur d'Israël.

Au lieu d'exercer une forte pression sur son allié israélien afin de le pousser aux concessions sans lesquelles aucune paix crédible et durable ne pourra être établie dans cette région du monde, exportatrice de violence, l'administration Clinton s'est jointe aux gouvernements israéliens successifs afin de tenter d'extorquer à la direction palestinienne un surcroît de concessions, qui auraient été inévitablement désavouées par la population palestinienne et auraient hypothéqué tout nouvel accord. Cette attitude a renforcé l'interprétation, la plus défavorable aux intérêts palestiniens, des accords signés à Washington le 13 septembre 1993, contribuant ainsi à leur enlisement tragique.

L'attitude de l'administration de George W. Bush fut toutefois bien pire encore que celle de son prédécesseur : le nouveau président a cru faire preuve d'astuce politique en refusant de se « substituer » aux parties du conflit et en affichant un « *benign neglect* » à l'égard des événements sanglants du Proche-Orient. Cela fut d'autant plus désastreux qu'Ariel Sharon, un des personnages les plus brutaux et les plus extrémistes de la droite sioniste, était arrivé au pouvoir en février 2001, après avoir provoqué délibérément une explosion de colère palestinienne par son irruption intempestive sur l'esplanade des Mosquées, à Jérusalem, le 28 septembre 2000.

Cette date marque le début de la « seconde Intifada » et de sa répression brutale qui détermina le nouvel accent mis par Ben Laden sur la solidarité avec les Palestiniens, en prélude direct aux attentats du 11 septembre survenus un an plus tard. Dès juin 2001, une vidéocassette d'une durée de deux heures était diffusée par le guide suprême du réseau Al-Qaida, dans laquelle il se vantait de la vulnérabilité des États-Unis, illustrée par l'attentat-suicide contre le destroyer *Cole* en octobre 2000, et appelait à redoubler d'efforts pour leur porter de nouveaux coups. Dans son édition du 9 septembre 2001, deux jours avant la catastrophe qu'allait connaître la ville dont il porte le nom, le *New York Times* consacrait à cette vidéocassette un long article, dont il est important de rappeler quelques passages :

« M. Ben Laden utilise la cassette pour annoncer un cauchemar continu à ses ennemis principaux, les États-Unis et Israël. Il promet une guerre sainte intensifiée qui comprend un soutien aux Palestiniens combattant Israël — un changement important de ses priorités, selon les analyses des services de renseignement. Ces dernières années, à travers une série d'attentats violents, le principal objectif de M. Ben Laden a été d'expulser les forces américaines de la péninsule arabique. [...]

Une grande partie de la cassette porte sur le soulèvement actuel en Israël et dans les territoires palestiniens.

Ce qui n'est pas clair, disent les experts du renseignement, c'est si M. Ben Laden projette d'organiser des attaques directes contre des objectifs israéliens, ou bien s'il attise les passions de ses partisans pour des attaques ailleurs. "Nos frères en Palestine vous attendent avec impatience, et s'attendent que vous frappiez l'Amérique et Israël, dit M. Ben Laden. La terre de Dieu est vaste et leurs intérêts se trouvent partout." [...]

Vincent Cannistraro, l'ex-chef des opérations antiterroristes de la CIA, qui a étudié la cassette, a dit que les avertissements de M. Ben Laden au sujet de nouvelles attaques devraient être pris au sérieux. "L'Intifada a clairement concentré son attention sur le problème palestinien, qu'il conçoit en termes de guerre sainte — les Palestiniens étant opprimés par les Israéliens d'une façon qui n'est possible qu'en raison du soutien que ces derniers reçoivent des États-Unis", a-t-il dit.

"Cela a renforcé son point de vue sur les États-Unis et leurs politiques dans l'ensemble du Moyen-Orient. Ses instincts agressifs s'en trouvent exacerbés."[37] »

Cet article, paru l'avant-veille du 11 septembre, permet de mesurer la part de responsabilité du gouvernement des États-Unis face au désastre qui a frappé le pays. Le fait que la population n'ait pas fait porter cette responsabilité au gouvernement, et ait même accordé au responsable en chef, George W. Bush, un soutien record selon les sondages, témoigne de l'abrutissement médiatique auquel elle est soumise, tant sous les formes décrites dans le premier chapitre de cet ouvrage que par la rétention d'information sur les aspects rapportés ci-dessus.

L'incurie dont s'est rendue coupable l'administration Bush aurait été plus que suffisante pour provoquer la démission immédiate d'un dirigeant honnête et responsable, au vu de la catastrophe qu'il n'avait rien fait pour prévenir. Or, la façon même dont le 43e président a accédé à la Maison-Blanche augurait du contraire, sans parler du scandale Enron et autres événements post-électoraux. Par rapport à tout cela, on reste songeur lorsque l'on se souvient que les mensonges de Bill Clinton dans l'affaire Lewinsky ont failli l'acculer à la démission ou provoquer son *impeachment.* La flambée de popularité de George W. Bush à la suite du 11 septembre indique non seulement que les véritables leçons de cet événement n'ont pas du tout été assimilées, mais aussi que ce sont des conclusions symétriquement opposées qui sont tirées.

Trois facteurs ont été évoqués jusqu'ici, pour expliquer la genèse du terrorisme politico-religieux prenant les États-Unis pour cible : la présence des troupes états-uniennes dans le royaume saoudien, l'embargo contre l'Irak et le conflit israélo-palestinien. On ne s'étendra pas plus sur la façon dont l'administration Bush agit sur ces dossiers moyen-orientaux. Il est suffisamment évident qu'elle ne fait, pour l'instant, que jeter de l'huile sur le feu, oubliant encore une fois que les États-Unis eux-mêmes sont situés dans le périmètre de cet incendie-là.

De la dominance asymétrique

Ce qui est beaucoup plus fondamental, c'est la vision stratégique globale qui sous-tend la politique de Washington au Moyen-Orient. Celle-ci n'est qu'une illustration parmi d'autres d'une attitude générale relevant de cette « dominance » des États-Unis, qui explique le recours croissant de leurs adversaires à des « moyens asymétriques », visant tant leurs représentations à l'étranger que leur population civile sur leur propre territoire, selon l'analyse du Pentagone même. La « dominance », synonyme euphémique de la domination, est au cœur de la programmation militaire états-unienne de l'après-guerre froide, telle qu'elle s'est dessinée sous les deux mandats de Bill Clinton et a été définie dans deux documents stratégiques : le *Joint Vision 2010* de 1996 et la *Quadrennial Defense Review* de 1997.

On ne saurait exagérer l'importance du changement de paradigme qu'implique la substitution de la notion de « dominance » à celle de « défense », qui donne un sens nouveau au DOD (Department of Defense) sans devoir en changer le sigle. L'écroulement de l'Union soviétique et la fin de la bipolarité bouleversèrent radicalement le paysage stratégique mondial, et débarrassèrent les États-Unis du souci de l'endiguement de leur adversaire planétaire, conçu en termes de défense prioritaire. Le sens principal de la dissuasion même pouvait changer : non plus dissuader l'adversaire d'agir, mais dissuader les adversaires de réagir ; autrement dit, garantir aux États-Unis, à un degré inégalé d'intensité et d'extension, cette « liberté d'action » qui est l'objectif suprême de la stratégie classique[38].

La domination militaire unipolaire des États-Unis, érigée sur les ruines de l'URSS, confronta Washington à la tentation très forte de la consolider et de la pérenniser, comme socle dur d'une hégémonie politique mondiale historiquement inédite. Le gouvernement états-unien ne sut résister à cette tentation, à l'ivresse de l'*hubris* (terme grec entré dans le vocabulaire anglais et désignant l'orgueil démesuré qui attirait le désastre sur l'orgueilleux, dans les tragédies antiques), et ce malgré les mises en garde des plus sages de ses membres[39]. Désormais, le seul souci était d'assurer aux États-Unis la dominance sur toute la gamme des conflits, la *Full Spectrum Dominance,* « afin d'assurer que nous sommes persuasifs dans la paix, décisifs dans la guerre, et prééminents dans toute forme de conflit[40] » ; autrement dit, maîtres du monde.

Cette « dominance » s'appuie elle-même sur une importante asymétrie des forces et capacités militaires à l'avantage des États-Unis[41]. Son principal concept opérationnel est celui de « manœuvre dominante » : contrôle multidimensionnel de l'espace du combat, qui « dotera les forces états-uniennes d'avantages écrasants et asymétriques afin d'accomplir les tâches opérationnelles assignées[42] ». Le nouveau rapport quadriennal sur la défense, présenté au Congrès par le patron actuel du Pentagone, Donald Rumsfeld, quelques jours après les attentats du 11 septembre, souligne plus fortement encore l'avantage asymétrique des États-Unis. Ce rapport 2001 innove, en remplaçant la stratégie fondée sur les menaces, prévalant dans les doctrines antérieures, par une stratégie fondée sur les capacités (*capabilities-based strategy*). Autrement dit, la préparation militaire américaine est dorénavant censée se fonder, non plus sur l'identification des moyens dont disposent les ennemis potentiels reconnus, mais sur la définition de tous les moyens susceptibles d'être utilisés par un adversaire hypothétique, quel qu'il soit.

Comme l'explique le secrétaire à la Défense dans son introduction : « L'adoption de cette approche de la programmation fondée sur les capacités requiert que la nation maintienne ses avantages militaires dans les domaines clés, tout en développant de nouveaux domaines d'avantage militaire et en déniant les avantages asymétriques aux adversaires. [...] En bref, elle requiert la transformation des forces, capacités et institutions états-uniennes afin de prolonger les avantages asymétriques de l'Amérique loin dans le futur[43]. »

Dans la dernière décennie du XXe siècle, première décennie de l'après-guerre froide, il était requis des forces armées états-uniennes qu'elles se maintiennent à un niveau de préparation suffisant pour mener simultanément deux « guerres majeures de théâtre », en plus de pouvoir accomplir la gamme des opérations variées qui leur sont demandées, allant de guerres plus limitées aux opérations de « maintien de la paix ». Derrière les deux « guerres majeures de théâtre » se profilaient, sans les désigner directement, les deux principaux adversaires potentiels des États-Unis : la Chine et la Russie.

Ce niveau d'exigence assigné à la programmation militaire se traduisit néanmoins, dans un premier temps, par une baisse des dépenses par rapport aux records atteints sous Ronald Reagan, en raison de l'affaiblissement phénoménal de la Russie en comparaison de l'ex-URSS, auquel s'ajoutait le souci de résorber le déficit budgétaire colossal des années antérieures. Puis le budget militaire états-unien se stabilisa, au milieu de la décennie 1990, à un niveau resté digne de la guerre froide : un tiers des dépenses militaires mondiales, et l'équivalent des budgets militaires totalisés des six puissances suivantes dans l'ordre de la prodigalité militaire mondiale : la Russie et la Chine, mais aussi le Japon, la France, l'Allemagne et le Royaume-Uni [44].

En février 1999, un nouveau tournant à la hausse était amorcé, en prélude à la guerre du Kosovo. C'était sous l'administration Clinton, dont il ne faudrait pas que, par contraste avec l'administration Bush actuelle, l'on oublie la responsabilité majeure qui fut la sienne dans l'aboutissement à la situation présente [45]. Le Pentagone annonça fièrement « la première augmentation à long terme des allocations de la défense depuis la fin de la guerre froide » (112 milliards de dollars jusqu'en 2005), tandis que le secrétaire à la Défense William Cohen déclarait que Washington allait exiger l'amendement du traité ABM de limitation des missiles antimissiles, conclu avec Moscou en 1972, afin de réaliser le projet National Missile Defense — à défaut de quoi, annonçait-il déjà, les États-Unis abrogeraient unilatéralement ledit traité.

Sous l'impact du 11 septembre, l'administration de George W. Bush allait porter au comble ces tendances bien amorcées sous ses prédécesseurs. Le scénario des deux « guerres majeures de théâtre » a été légèrement révisé dans la nouvelle programmation militaire, mais plutôt dans le sens d'une adhésion plus forte à la *Full Spectrum Dominance* :

« Les États-Unis n'abandonnent pas la programmation pour deux conflits afin d'en programmer moins de deux. Au contraire, le département de la Défense change entièrement le concept en programmant la victoire sur toute la gamme des conflits possibles. [...]

Conformément aux instructions du président, les forces états-uniennes seront capables de battre un adversaire de manière décisive dans l'un des deux théâtres dans lesquels elles mènent des opérations de combat majeur, en imposant la volonté de l'Amérique et en supprimant toute menace future que cet adversaire pourrait représenter. Cette capacité inclura celle d'occuper le territoire adverse ou d'établir les conditions pour un changement de régime, s'il en était décidé ainsi [46]. »

Emportée par sa propre surenchère nationaliste, l'administration Bush a soumis au Congrès un budget militaire représentant la plus forte augmentation d'une année sur l'autre depuis le premier budget soumis par Ronald Reagan, vingt ans auparavant : 48 milliards de dollars supplémentaires portant le total à 379 milliards de dollars — soit une augmentation égale à la totalité du budget militaire du Japon ou même du budget militaire réel estimé de la Russie, et portant le total des dépenses militaires états-uniennes prévues pour l'année fiscale 2002-2003 à un montant équivalant à la somme des budgets militaires des quinze puissances suivantes dans l'ordre militaire mondial, et à bien plus du double des dépenses totalisées des pays européens membres de l'Union européenne ou de l'OTAN — un montant équivalant au PIB de la Russie[47] !

Cette nouvelle prodigalité militaire s'accompagne d'une poussée sans précédent d'arrogance et d'*hubris* dans la politique extérieure des États-Unis, qui déploient tout un ensemble de pratiques faisant fi du droit international, des traités internationaux et de l'opinion du reste du monde. Certes, l'unilatéralisme états-unien n'a pas été inauguré par George W. Bush, loin s'en faut[48]. Mais il a atteint avec lui, dans la forme et sur le fond, un niveau suscitant l'exaspération des alliés les plus proches de Washington[49].

L'unilatéralisme hégémonique

La façon même dont Bush a réagi aux attentats du 11 septembre est une illustration éclatante de l'unilatéralisme hégémonique qui caractérise plus que jamais le cours de la politique états-unienne[50]. Signalons d'abord l'arrogance tout impériale avec laquelle Washington a exigé du gouvernement de Kaboul qu'il lui livre immédiatement Oussama Ben Laden, alors que celui-ci ne faisait encore que l'objet de soupçons quant à sa responsabilité dans les attentats. Tout gouvernement qui respecte les procédures du droit international, et qui refuse de se prêter à la *rendition*[51] pratiquée par les gouvernements soumis aux États-Unis, aurait exigé que lui soit transmise une requête d'extradition en bonne et due forme afin de statuer sur le sujet. Les alliés européens de Washington se sont trouvés dans l'embarras de devoir refuser d'extrader les suspects réclamés par leur « parrain » d'outre-Atlantique, parce que celui-ci n'offre pas les garanties d'un procès équitable, puisqu'il envisage le recours à des tribunaux militaires, et continue à pratiquer la peine de mort — toutes conditions rédhibitoires au regard du droit européen[52].

Le pouvoir taliban n'a fait que demander aux États-Unis de lui fournir des preuves de l'implication de Ben Laden dans le 11 septembre. Washington, pour toute réponse, lui a lancé un ultimatum : Ben Laden ou nous vous bombardons[53] ! Moins d'un mois après les attentats, les forces armées états-uniennes commençaient à déverser sur l'Afghanistan, misérable et meurtri, un déluge de fer et de feu, tuant au passage un nombre considérable de civils afghans[54], aussi peu responsables du 11 septembre que les enfants irakiens ne le sont des agissements mégalomaniaques de Saddam Hussein : des « dommages collatéraux » pour lesquels le remords étouffe certainement moins les membres de l'administration Bush que les bretzels son président. Selon l'ayatollah Walzer, il s'agissait certainement d'une « guerre juste » parce que « préventive » (comme le sont prétendument toutes les actions militaires israéliennes), et parce que les États-Unis ne devaient pas s'embarrasser à chercher à traduire en justice les terroristes, de peur de manquer de preuves[55].

Aucun autre pays du monde non limitrophe de l'Afghanistan n'aurait eu les moyens d'agir de la sorte si le 11 septembre avait eu lieu sur son sol : il n'aurait eu d'autre recours que celui que prévoit le droit international, c'est-à-dire le Conseil de sécurité des Nations unies. Ce recours était à la disposition de Washington. Contrairement au cas du Kosovo et plus que contre l'Irak en 1990, la Russie et la Chine étaient disposées à soutenir la guerre des États-Unis contre les talibans, par convergence d'intérêts avec eux en la matière. Le Conseil de sécurité avait même explicitement offert ses services à George W. Bush : dans sa résolution 1368, adoptée dès le 12 septembre 2001, il se déclarait « prêt à prendre toutes les mesures nécessaires pour répondre aux attaques terroristes du 11 septembre 2001 et pour combattre le terrorisme sous toutes ses formes, conformément à ses responsabilités en vertu de la Charte des Nations unies[56] ».

Il aurait été donc possible de mener une action dans le cadre du chapitre VII de la Charte : le Conseil de sécurité, constatant l'existence d'un « acte d'agression » relevant du crime contre l'humanité, aurait pu inviter le gouvernement de Kaboul à remettre les accusés à une juridiction internationale spécialement créée à cette fin, à l'instar des tribunaux pénaux internationaux déjà existants[57]. Cette solution n'aurait certainement pas garanti une justice équitable, mais seulement une justice unilatérale et biaisée, comme c'est le cas pour le TPI saisi des guerres de l'ex-Yougoslavie. Mais elle aurait été infiniment plus « juste » et plus légitime que les tribunaux militaires annoncés par l'administration Bush, sans parler de l'injonction de livrer Ben Laden « mort ou vif ». Au cas où le gouvernement de Kaboul aurait refusé de s'exécuter, par complicité avec Ben Laden, le Conseil de sécurité aurait pu recourir aux mesures d'escalade graduée prévues aux articles 41 et 42 du chapitre VII de la Charte, jusqu'à l'emploi de la force armée[58].

Il était même possible à George W. Bush de mener « sa » guerre, comme il l'entendait ou presque, dans le cadre des Nations unies, à l'instar de ce que fit son père contre l'Irak — une guerre menée au nom des Nations unies, mais non par les Nations unies, comme l'avait fait remarquer alors, à juste titre, le secrétaire général, Javier Pérez de Cuellar. Mais il est vrai que Bush père avait alors besoin de l'aval de l'organisation internationale afin de convaincre le Congrès de lui accorder son feu vert pour la guerre contre Saddam Hussein. Bush fils n'avait nullement besoin de cet aval : les deux Chambres du Congrès lui votèrent, dès le 14 septembre, une « autorisation d'utiliser la force militaire » en vertu de la *War Powers Resolution* de 1973 — et ce à l'unanimité, moins l'unique voix d'une représentante démocrate de Californie, la courageuse Barbara Lee.

À défaut d'agir dans le cadre du droit international et de la Charte des Nations unies, Washington pouvait encore recourir à la variante multilatérale de l'unilatéralisme qui aurait consisté à mener la guerre dans le cadre de l'OTAN, comme pour la précédente guerre du Kosovo. Sous l'impulsion de son secrétaire général, le très dévoué George Robertson, l'Alliance atlantique avait réagi, elle aussi, dès le 12 septembre 2001, en invoquant, pour la première fois de son histoire, l'article 5 de son Traité fondateur, portant sur la solidarité défensive de ses États membres. Mais le Pentagone, après l'expérience balkanique d'une collégialité dans la gestion militaire peu conforme aux traditions de la profession, avait juré que l'on ne l'y reprendrait plus.

L'unilatéralisme hégémonique de « l'hyperpuissance » états-unienne est bien exprimé par deux axiomes politiques, formulés dans la foulée du 11 septembre, qui constituent l'essence de la doctrine de la nouvelle administration. Le premier a été énoncé par George W. Bush lui-même dans son discours du 20 septembre devant le Congrès, en s'adressant aux nations du monde entier. C'est le désormais célèbre « Ou bien vous êtes avec nous, ou vous êtes avec les terroristes[59] », qui enjoint aux gouvernements de la planète de s'allier à Washington sous peine d'être traités comme les talibans, en incriminant toute tierce attitude — tout refus de s'aligner sur Washington de la part d'États opposés au terrorisme — par sa logique manichéenne et comminatoire. Le second axiome a été énoncé par Donald Rumsfeld sur la chaîne CBS, trois jours plus tard, lorsque le secrétaire à la Défense a déclaré sur un ton péremptoire que « c'est la mission qui détermine la coalition, et nous ne permettons pas à des coalitions de déterminer la mission[60] ». Et c'est, bien entendu, Washington qui détermine la mission, comme George W. Bush l'a confirmé, dans son discours du 29 janvier 2002 sur l'état de l'Union, en désignant l'Irak, l'Iran et la Corée du Nord, ainsi que les organisations labellisées « terroristes » à Washington, comme constituant un « axe du Mal ».

Dans cette « guerre contre le terrorisme » que Bush annonce devoir s'étendre sur plusieurs années, les États-Unis choisiront seuls leurs cibles, et assigneront à leurs alliés les tâches qu'ils voudront bien les voir assumer sous leur commandement ou leur supervision. Il s'agira essentiellement des tâches que le Pentagone rechignera à assumer lui-même. L'Afghanistan en fournit une bonne illustration : les États-Unis ont utilisé les forces de l'Alliance du Nord comme troupes supplétives pour mener l'offensive terrestre, facteur indispensable pour l'éviction des talibans du mollah Omar, en complément de la dominance plus qu'écrasante de la force de frappe à distance états-unienne.

Puis, une fois les talibans évincés, Washington a fait appel à ses supplétifs de l'OTAN afin qu'ils assument seuls les risques du déploiement dans les villes afghanes, dans le cadre d'une de ces missions de « *nation-building* » que le candidat Bush avait déjà déclarées n'être pas dignes des forces armées états-uniennes, lors de sa campagne présidentielle. À plus forte raison, lorsque la mission est réputée impossible, dans un pays régi par des seigneurs de la guerre déchirés en fractions et ethnies aux rivalités sanglantes. Les forces otaniennes supplétives ont été déployées sous l'égide des Nations unies, comme dans les Balkans : d'une pierre, Washington a fait deux coups, en réintroduisant les deux organisations frustrées d'avoir été écartées de la guerre contre les talibans.

Ainsi, pour la troisième fois après les guerres du Golfe et du Kosovo, Washington a fait la démonstration du rapport strictement utilitaire qu'elle entretient avec l'ONU. Dans l'après-guerre froide, l'organisation qui avait été conçue par Franklin Roosevelt comme cadre de gestion des relations internationales sur la base du droit et du règlement pacifique des conflits, et seule instance habilitée à légitimer l'usage international de la force, n'est plus, aux yeux des présidents des États-Unis d'aujourd'hui, qu'un cadre de gestion *post-bellum* des territoires ravagés par les interventions militaires décidées à Washington.

Si les États-Unis peuvent se permettre ce type de comportement par lequel ils se placent au-dessus du droit international et de ses institutions, c'est précisément en raison de leur dominance militaire par rapport au reste du monde, qu'ils s'acharnent à amplifier en creusant chaque année davantage le fossé qui sépare leurs capacités militaires de celles du reste de la planète. Cette asymétrie du fort aux plus faibles, combinée avec l'exemple que les États-Unis donnent en matière de violation des règles et des lois, autrement dit le règne de leur arbitraire surpuissant qu'ils infligent aux autres pays, voilà la recette la plus sûre pour susciter d'innombrables vocations terroristes, parmi tous ceux qui parviennent à la conclusion que les « avantages asymétriques » des États-Unis ne peuvent être contrecarrés que par des « moyens asymétriques » visant les parties les plus exposées de leur population.

C'est le gouvernement des États-Unis qui, par ses options politico-militaires depuis la fin de la guerre froide, produit inexorablement ce terrorisme qu'il entend combattre. La « guerre contre le terrorisme » de George W. Bush engendrera inéluctablement de nouvelles attaques terroristes contre les citoyens des États-Unis, des attaques qui risquent d'atteindre des proportions meurtrières bien plus grandes encore que celles du 11 septembre 2001, et des attaques émanant de sources d'autant plus diverses que Washington étendra géographiquement son interventionnisme militaire, au nom de la même guerre. Selon les experts du FBI, auditionnés au Sénat en décembre 2001, la capture ou la mort de Ben Laden n'affecterait que 40 à 50 % des activités du réseau Al-Qaida, dont des centaines de membres capables d'organiser des attentats sophistiqués seraient encore en liberté, outre les milliers de membres des organisations sœurs et un potentiel de recrues estimé à plusieurs dizaines de milliers[61].

Et comme l'a récemment déclaré, à la 38e conférence de Munich sur la sécurité, l'adjoint de Donald Rumsfeld à la défense, Paul Wolfowitz : « Ce qui est arrivé le 11 septembre, aussi terrible que c'était, n'est qu'une ombre pâle de ce qui arriverait si des terroristes utilisaient des armes de destruction massive. » Après quoi, le secrétaire adjoint ajouta : « Notre approche doit viser à la prévention et pas seulement à la répression. » Quiconque serait saisi de quelque espoir en lisant cette phrase sensée doit être tout de suite averti : la conception que se fait Wolfowitz de la « prévention » du terrorisme est digne de figurer en bonne place dans les annales de l'aveuglement répressif. Il poursuivit, en effet, en précisant son propos : « L'autodéfense requiert la prévention et parfois la préemption. Ce n'est pas possible de se défendre contre toute menace, à chaque endroit, à chaque moment imaginable. La seule défense contre le terrorisme est de porter la guerre chez l'ennemi[62]. »

Ainsi donc, face aux attaques par « moyens asymétriques » que suscite sa dominance militaire, selon sa propre analyse, Washington n'a d'autre réponse que d'aggraver l'asymétrie de cette dominance et d'étendre son champ d'exercice effectif, au nom de la « préemption », de manière à attirer fatalement de nouvelles attaques asymétriques contre ses troupes et sa population. Cet acharnement à accroître les « avantages asymétriques » des États-Unis confirme alors inexorablement une configuration du monde où « l'hyperpuissance » s'attire la haine de toutes les autres « civilisations »[63], et même l'antipathie de ses propres alliés occidentaux, « vassaux » par « dépendance sécuritaire » selon la formulation machiavélienne de Zbigniew Brzezinski[64].

Un commentateur américain avait répondu par avance à la logique « préventive » actuelle de l'administration Bush, plusieurs mois avant le 11 septembre :

« Pouvons-nous faire quelque chose pour prévenir les attentats terroristes ? Pas vraiment. Oh, nous pouvons probablement en accroître les coûts et les rendre plus difficiles. Améliorer l'analyse et la coordination des renseignements pourrait aider, de même que le renforcement de la protection des cibles (quoique le destroyer USS *Cole* ait été aussi protégé que possible). Nous pourrions encore faire monter les enjeux en instaurant une politique déclarant que des frappes terroristes contre les forces américaines ou notre territoire provoqueront une déclaration de guerre contre ceux qui en font usage ou les parrainent.

Mais si quelques-uns sont vraiment résolus à rencontrer leur créateur afin de vous attaquer, il est probable qu'ils y réussissent. En bref, si vous voulez une hégémonie mondiale, vous devez être préparés à en payer le prix[65]. »

Et il ne servira pas à grand-chose, non plus, de transformer les États-Unis en l'équivalent mondial de ces « communautés encloses » (« *gated communities* ») que sont les zones résidentielles des richissimes paranoïaques, protégées par des milices privées et des installations de surveillance électronique — c'est ainsi que nul autre que le même Zbigniew Brzezinski décrivait le sens du projet de la défense nationale antimissile[66]. La véritable question qui se pose, de manière incontournable, est celle-ci : la population des États-Unis est-elle vraiment disposée à subir d'autres 11 septembre comme prix inévitable d'une hégémonie mondiale, qui ne profite qu'à sa classe dominante ? Il faudrait qu'elle y réfléchisse urgemment.

Terrorismes apocalyptiques

La montée des barbaries, cependant, est loin de se limiter aux conséquences de la « dominance » militaro-politique états-unienne et au choc international entre barbaries inscrites dans des civilisations différentes. Tout aussi importante est la montée des barbaries tournées contre leurs propres sociétés, qu'il s'agisse de barbaries étatiques, capitalistes, extrémistes politiques ou religieuses, ou encore quasi démentielles. Commençons là aussi par celles qui émergent du sein de la « société civile ». Dans les sociétés les plus pauvres, le phénomène est loin d'être nouveau. Par contre, il a progressé de manière frappante dans les sociétés les plus riches, censées être les plus avancées sur la voie de la Civilisation et de la pacification des mœurs.

Deux personnages en sont venus à symboliser la montée de la propension au meurtre de masse au sein même des pays les plus développées : Timothy McVeigh, l'extrémiste de droite américain, et Shoko Asahara, le gourou japonais de la secte Aum Shinrikyo (Aum Vérité suprême). Comparé à eux, Ben Laden apparaît comme un modèle de rationalité politique.

Timothy McVeigh est l'auteur, avec un complice, de l'explosion à la bombe à engrais chimique qui détruisit un immeuble gouvernemental à Oklahoma City, le 19 avril 1995, tuant 168 personnes et en blessant plusieurs centaines d'autres. Ils appartenaient à la mouvance de l'extrême droite para-nazie aux États-Unis, qui va du vieux Ku Klux Klan à Aryan Nations, en passant par les milices « patriotiques », toutes associations qui, additionnées, représentent un nombre considérable de personnes. Mais McVeigh et son complice ont apparemment agi seuls. Ils s'étaient inspirés d'un roman rédigé par un auteur néonazi, dont le héros, un « patriote », lutte pour libérer les États-Unis de leur gouvernement, considéré comme illégitime et manipulé par un complot juif international. Ils y avaient même trouvé la recette de leur bombe. Le roman se termine par une explosion nucléaire et le triomphe de l'élite de la « race blanche », après extermination des juifs et des non-Blancs à l'échelle planétaire, afin de sauver le monde.

Shoko Asahara dirigeait, quant à lui, une organisation de plusieurs milliers de membres appartenant à divers milieux sociaux, avec des adeptes dans plusieurs pays. Les méthodes de recrutement et d'endoctrinement de la secte Aum Shinrikyo étaient semblables à celles des sectes religieuses apocalyptiques, y compris le lavage de cerveau et la coercition. Comptant dans ses rangs un grand nombre de scientifiques de haut niveau, et dotée de moyens financiers considérables (plus d'un milliard de dollars, selon certaines estimations), la secte avait mis sur pied un réseau de laboratoires et avait consacré des sommes importantes à essayer de mettre au point différentes formules de meurtre de masse (dont 30 millions de dollars pour les armes chimiques). Hanté par Hiroshima, Asahara annonçait la fin prochaine du monde, qui prendrait la forme d'une Troisième Guerre mondiale et d'un holocauste nucléaire, auquel seuls les membres de sa secte survivraient.

Il pensait hâter cette apocalypse en recourant à des attentats au moyen d'armes de destruction massive. Toute la gamme avait été explorée et, faute d'avoir pu se procurer l'arme nucléaire, les moyens biologiques et chimiques avaient été utilisés — à plusieurs reprises, même. Ignorons les attentats ciblés, comme les tentatives ratées contre le Parlement, la famille impériale ou les juges à Matsumoto, et ne considérons que les tentatives de meurtre de masse à l'aveuglette, en commençant par les moyens biologiques. La secte avait accumulé des stocks effrayants d'armes biologiques de diverse nature, et avait même tenté de se procurer des échantillons de virus Ebola. Elle avait tenté, sans succès, de vaporiser des spores de bacille du charbon (le désormais fameux *anthrax*, en langue anglaise) à partir du toit d'un immeuble de Tokyo, en juin 1993. En mars 1995, une tentative de vaporisation de toxine botulique dans le métro de Tokyo échouait à son tour.

Les attentats à l'arme chimique, commis par la secte, furent malheureusement plus efficaces, en particulier ceux perpétrés au moyen de gaz sarin (la secte s'étant également dotée de toute une gamme d'armes chimiques). Le plus grave, qui entraîna le démantèlement, bien tardif, d'Aum Shinrikyo (dont l'immunité des années durant n'est pas sans traits communs avec celle des yakuzas, la mafia japonaise), fut le second attentat dans le métro de Tokyo, en date du 20 mars 1995, soit cinq jours après la tentative bioterroriste avortée. Cinq membres de la secte épandirent des solutions de gaz sarin dans cinq rames différentes. Leur technique n'étant pas au point, le nombre de victimes fut inférieur à ce qu'il aurait pu être en utilisant la même quantité de gaz. Il s'éleva néanmoins à 12 morts et plus de 5 000 atteintes physiques ou psychologiques.

Les deux cas précités ne constitueraient-ils, eux aussi, que des exceptions confirmant la règle qui voudrait que « tout va pour le mieux dans le meilleur des mondes » ? Dira-t-on, à l'instar de Francis Fukuyama après le 11 septembre, que « la modernité est un puissant convoi de marchandises que ne feront pas dérailler les récents événements, même s'ils sont douloureux et uniques en leur genre[67] » ?

L'extrême droite états-unienne à tendance psychopathique et la secte Aum Shinrikyo sont en elles-mêmes des phénomènes sociaux, impliquant des milliers et des milliers de personnes, même si les deux attentats du métro de Tokyo et d'Oklahoma City ont entraîné un recul de l'une et de l'autre, qui n'est que spécifique et temporaire[68]. Ce sont, en outre, deux avatars d'un phénomène beaucoup plus large à l'échelle mondiale et au sujet duquel on ne dispose pas d'estimations fiables, un phénomène dans lequel s'inscrivent toutes les formes de terrorisme et de meurtre à échelle de masse, pratiquées par des groupes contre les sociétés dont ils sont eux-mêmes issus. Ce phénomène est à distinguer des formes transnationales de terrorisme de masse. Les attentats du 11 septembre appartiennent à cette dernière catégorie spécifique, tandis que les actions meurtrières du Groupe islamique armé (GIA) algérien appartiennent au premier phénomène. Les uns comme les autres diffèrent du terrorisme politique, nationaliste, révolutionnaire ou contre-révolutionnaire, de l'époque de la guerre froide, qui visait rarement au meurtre de masse.

La courbe du nombre des victimes dues aux deux catégories combinées est très nettement ascendante depuis deux décennies, comme le soulignent toutes les études consacrées à ce sujet. Ce qui est en progression spectaculaire, ce n'est pas seulement le nombre des attentats — un recensement des incidents terroristes importants survenus de 1961 à 2001, préparé par les services historiques du département d'État[69], en relève 15 au total dans les deux décennies 1961-1980, puis 34 en 1981-1990, et 80 en 1991-2000 — mais aussi leur « létalité », c'est-à-dire le nombre de morts qu'ils provoquent. Ainsi, une liste des attentats terroristes ayant occasionné plus de 100 morts au xxe siècle n'en relève que 3 seulement dans les sept premières décennies[70]. Puis, à partir des années 1980, 9 attentats sont répertoriés jusqu'en 1995, allant de l'attentat-suicide contre le contingent états-unien de la Force multinationale au Liban, en 1983, à l'attentat d'Oklahoma City. La liste avait été dressée avant l'attentat de 1998 contre l'ambassade des États-Unis à Nairobi, au Kenya, qui fit 291 morts (et plus de 5 000 blessés).

Sur le territoire des États-Unis mêmes, la croissance de la létalité des attentats est frappante. Au cours des années 1980, 267 attentats tuèrent 23 personnes au total ; dans la décennie suivante, il n'y eut que 60 attentats, mais celui d'Oklahoma City fit à lui seul 168 morts, portant le total de la décennie à 182[71]. Avec le 11 septembre 2001, la première décennie du xxie siècle a d'ores et déjà battu tous les records ! Quelques jours plus tard, les États-Unis connaissaient, après le Japon, leur première tentative terroriste au moyen d'armes dites de « destruction massive » : la vague d'attentats au bacille du charbon déclenchée au début d'octobre 2001, dont le nombre de victimes n'a été limité que par l'inadéquation de la technique de dissémination adoptée et la qualité inégale des spores utilisées. Bien que la source de ces attentats n'ait pas encore été dévoilée au moment de la rédaction de ces lignes, tout porte à croire qu'il s'agit d'une source autochtone états-unienne, et non d'une action de type « transnational ».

L'arme biologique offre des potentialités létales et terrorisantes incomparablement plus importantes que l'arme chimique[72], des potentialités que ne pourra jamais égaler l'ingéniosité meurtrière qui, avec des cutters pour toute arme, a transformé des avions de ligne en missiles incendiaires géants. Ces potentialités sont considérablement accrues par ce que Michel Foucault appelait « l'excès du biopouvoir », qui « va déborder toute la souveraineté humaine » et qui « apparaît lorsque la possibilité est techniquement et politiquement donnée à l'homme, non seulement d'aménager la vie, mais de faire proliférer la vie, de fabriquer du vivant, de fabriquer du monstre, de fabriquer — à la limite — des virus incontrôlables et universellement destructeurs »[73]. L'évolution non maîtrisée et non contrôlée de la biogénétique et de ses manipulations, dans un monde où la recherche du profit tient lieu de morale suprême, ne multiplie pas seulement les risques de catastrophes involontaires, mais laisse en plus augurer des pires catastrophes provoquées délibérément à des fins terroristes.

Il est possible, en effet, d'accroître considérablement, par manipulation génétique, la propriété qui confère aux armes biologiques une redoutable supériorité : celle d'être les seules armes capables d'entretenir par elles-mêmes leur « prolifération », une fois lâchées en milieu adéquat. La dissémination des substances biologiques ne nécessite ni moyens sophistiqués, ni trésors d'ingéniosité. Agissant par inhalation ou ingestion, elles peuvent être vaporisées par engin volant au-dessus d'une grande surface ou par atomiseur dans un espace couvert, ou bien encore, et selon leur nature, introduites dans la distribution d'eau potable ou dans les produits alimentaires. Une opération réussie, au moyen de quantités d'agents biologiques variant entre quelques kilogrammes et une centaine de kilogrammes, pourrait entraîner des centaines de milliers de morts.

De surcroît, l'arme biologique est relativement facile à produire : pour plusieurs types de cultures biologiques, il suffirait d'un laboratoire rudimentaire dans une salle de bains dotée d'une baignoire. Cette arme peut d'ailleurs être transportée sans être détectée, y compris à travers les frontières, soit en doses initiales, à cultiver jusqu'à l'obtention de la quantité désirée, soit même en quantités déjà suffisantes pour perpétrer une hécatombe.

L'arme nucléaire est bien plus difficile à obtenir ou fabriquer. Mais elle peut être remplacée, très efficacement, par la bombe radiologique, beaucoup plus accessible. Un expert militaire russe décrivait ainsi cette dernière :

« Une telle arme est, essentiellement, un engin conçu pour infliger une dose mortelle et massive de contamination radioactive sur une vaste zone sans explosion nucléaire. Ce peut être un mélange d'explosifs avec une substance hautement radioactive, comme les déchets nucléaires, le césium utilisé dans la médecine ou l'industrie, ou le plutonium d'une arme nucléaire ou d'une centrale nucléaire conventionnelle qui n'est pas approprié pour la fabrication d'armes.

L'explosion d'une telle bombe crée un nuage radioactif qui peut causer une contamination grave et à très long terme. Si quelque chose de pareil survenait à New York, les humains pourraient être obligés d'abandonner des parties de la ville pour des centaines, sinon des milliers, d'années[74]... »

Violences urbaines et anomie

Dangereux et effrayant, notre monde l'est décidément de plus en plus. Mais ces scénarios apocalyptiques que la réalité rattrape à grande vitesse, lorsqu'elle ne les dépasse pas, ne sont que les parties les plus visibles, les plus spectaculaires, de la violence croissante du monde des dernières décennies. Les divers terrorismes, étatiques ou non gouvernementaux, s'inscrivent dans une croissance généralisée des violences urbaines. Le directeur exécutif par intérim du Centre des Nations unies pour les établissements humains (UNCHS-Habitat) soulignait, en 1998, « l'inquiétude grandissante que suscite la montée de la violence urbaine », phénomène que l'auteur décrivait ainsi : « À l'échelle de la planète, on estime en effet que la violence urbaine a augmenté d'environ 4 % par an au cours des vingt dernières années. C'est vrai non seulement dans les régions fortement urbanisées telles que l'Europe et l'Amérique du Nord, mais aussi en Afrique, à la fois le continent le moins urbanisé et celui qui connaît les taux de croissance urbaine les plus élevés[75]. »

Aucune région du monde n'est épargnée : en fait, et contrairement aux idées reçues, les violences contre les personnes sont même nettement plus fréquentes en Occident que dans le monde asiatique (faudrait-il en tirer des leçons en termes de « civilisation » ?). Selon les chiffres des agences onusiennes, les pourcentages de personnes ayant subi des violences dans les zones urbaines de plus de 100 000 habitants, sur la période 1988-1994, étaient de 11 % pour l'Asie, ainsi que l'Europe de l'Est (avant que la crise ne frappe ces deux régions en 1997-1998), contre 15 % pour l'Europe de l'Ouest et 20 % pour l'Amérique du Nord[76]. Ce dernier chiffre n'était dépassé que par l'Amérique du Sud et l'Afrique, avec 31 et 33 % respectivement.

L'importance du phénomène de la violence urbaine aux États-Unis, leader du « monde civilisé », est bien connue, mais les chiffres en sont toujours sidérants, et ils laissent présager un avenir inquiétant. Ainsi, selon une étude réalisée à Boston, un enfant sur dix parmi les moins de cinq ans a été témoin d'une attaque à l'arme à feu ou à l'arme blanche (*shooting or stabbing*) et près d'un jeune sur quatre, en milieu urbain à bas revenus, a été témoin d'un meurtre[77] ! Certes, les années 1990 ont connu une baisse du taux des agressions physiques aux États-Unis, comme dans d'autres pays occidentaux, du fait de l'amélioration des conditions économiques ; mais ce fut aussi, et parfois surtout, au prix d'un accroissement considérable de la répression.

Les chiffres du Bureau of Justice Statistics l'indiquent bien : le taux d'homicide avait plus que doublé depuis le milieu des années 1960 pour atteindre, avec la crise, 10,2 pour 100 000 habitants en 1980 ; il connut ensuite une baisse relative, puis une nouvelle hausse jusqu'à 9,8 en 1991. Le chiffre de 1999 accusait une forte baisse à 5,7 : c'était le résultat de la plus longue période de croissance économique de l'histoire des États-Unis, mais aussi d'une autre croissance au taux encore plus élevé, celle de la population carcérale qui a augmenté, en moyenne, de 6 % par an, au cours des années 1990, passant de 292 détenus pour 100 000 habotants au 31 décembre 1990 à 478 au 31 décembre 2000, soit 1 381 892 prisonniers !

Le phénomène universel de la montée de la violence urbaine au cours des deux dernières décennies n'est pas difficile à expliquer. Franz Vanderschueren, conseiller technique au Programme de gestion urbaine d'Habitat, en a bien identifié les causes :

« La violence n'est pas un phénomène spontané, mais le produit d'une société caractérisée par l'inégalité et l'exclusion et le manque de contrôle institutionnel ou social. Toutefois, la marginalité urbaine et la pauvreté ne conduisent pas automatiquement à la violence, mais peuvent la favoriser dans certaines circonstances. La grande misère de quartiers mal dotés en services stimule la violence. La Conférence des maires à Montréal (1989) a identifié "les causes fondamentales de l'augmentation de la violence : croissance urbaine avec marginalisation des défavorisés et isolement de groupes à risques, insuffisance qualitative et quantitative des programmes de logement social et des commodités communautaires, chômage des jeunes". Dans une société qui promeut la consommation et la concurrence au détriment du partage et de la solidarité, des jeunes sans espoir d'emploi ou de réussite cherchent des moyens de survivre et de gagner un sentiment de reconnaissance, au moins de la part de leurs pairs. Cela mène souvent à la violence et aux bandes de jeunes[78]. »

Et le rapport 2001 d'Habitat sur « l'état des villes du monde » contribue à mettre les points sur les *i*, au sujet de la cause de ces phénomènes :

« À partir des années 1970, le monde s'est engagé dans une phase de mondialisation visant à la déréglementation des marchés mondiaux, à la privatisation des fonctions gouvernementales et à la libéralisation de la finance. La libéralisation financière était censée déplacer les épargnes des pays développés vers les pays en développement, baisser le coût de l'emprunt, réduire les risques au moyen de nouveaux instruments financiers, et accroître la croissance économique. C'est largement le contraire qui s'est produit en réalité : les épargnes sont passées des pays pauvres aux pays plus riches, les taux d'intérêt ont généralement augmenté, les risques se sont accrus et la croissance économique s'est ralentie dans le monde entier pour la grande majorité des pays, riches et pauvres[79]. »

Ajoutons à ce constat celui du creusement inexorable des inégalités interétatiques et intra-étatiques depuis deux décennies et l'on aura une énumération assez complète des principaux facteurs socio-économiques qui produisent la très forte « anomie » qui caractérise notre époque. L'anomie, la désagrégation des normes et repères sociaux, est, comme on sait, le concept forgé par Émile Durkheim à titre d'explication majeure, parmi d'autres, du phénomène social des suicides, dont l'étude a assuré sa célébrité. Le grand sociologue pensait que le même facteur pouvait également expliquer les homicides.

« L'anomie, en effet, donne naissance à un état d'exaspération et de lassitude irritée qui peut, selon les circonstances, se tourner contre le sujet lui-même ou contre autrui ; dans le premier cas, il y a suicide, dans le second, homicide. Quant aux causes qui déterminent la direction que suivent les forces ainsi surexcitées, elles tiennent vraisemblablement à la constitution morale de l'agent[80]. »

Aussi désuets qu'aient été les remèdes que proposait Durkheim à ce problème social, il n'en reste pas moins que son diagnostic était, pour l'essentiel, remarquablement pénétrant[81]. Durkheim utilisait le terme « anomie » comme synonyme de « dérèglement », et donc aussi de déréglementation et de dérégulation économiques. À la fin du XIXe siècle, il pouvait résumer ainsi un siècle de développement du capitalisme :

« Depuis un siècle, en effet, le progrès économique a principalement consisté à affranchir les relations industrielles de toute réglementation. [...] Le pouvoir gouvernemental, au lieu d'être le régulateur de la vie économique, en est devenu l'instrument et le serviteur[82]. »

Depuis un quart de siècle, c'est à nouveau le cas, et plus massivement que jamais. Après trente années de régulation d'inspiration keynésienne quasi généralisée dans les économies de marché, dans l'après-1945, l'offensive néolibérale menée par Thatcher et Reagan, après Pinochet, a triomphé à l'échelle planétaire en brisant toutes les résistances. Déréglementation, libéralisation des échanges et privatisation sont les maîtres mots de cette mondialisation néolibérale, qui a produit une formidable anomie, d'un degré historiquement inégalé à une telle échelle. Outre la montée des violences urbaines, ce contexte a grandement favorisé la montée du terrorisme, du crime international organisé et des trafics divers, qui constituent bien « la face sombre de la mondialisation », comme l'a si bien dit un membre de l'administration Clinton[83].

Durkheim reconnaissait déjà que le progrès peut s'accompagner de pathologies, et que — pour reprendre les termes de la discussion déjà entamée dans ce chapitre — la marche même de la Civilisation peut donc s'accompagner de formes de Barbarie, prêtes à prendre le dessus à l'occasion d'une dérive anomique. Il avait compris que ce problème nécessitait pour sa solution une action sur les structures sociales, même si celle qu'il préconisa lui-même est passée à la poubelle de l'histoire.

« Il y a donc lieu de croire que cette aggravation [des suicides] est due, non à la nature intrinsèque du progrès, mais aux conditions particulières dans lesquelles il s'effectue de nos jours, et rien ne nous assure qu'elles soient normales. Car il ne faut pas se laisser éblouir par le brillant développement des sciences, des arts et de l'industrie dont nous sommes les témoins ; il est trop certain qu'il s'accomplit au milieu d'une effervescence maladive dont chacun de nous ressent les contrecoups douloureux. Il est donc très possible, et même vraisemblable, que le mouvement ascensionnel des suicides ait pour origine un état pathologique qui accompagne présentement la marche de la civilisation, mais sans en être la condition nécessaire. [...] l'altération du tempérament moral qui nous est ainsi révélée atteste une altération profonde de notre structure sociale. Pour guérir l'une, il est donc nécessaire de réformer l'autre[84]. »

L'anomie de notre époque est d'autant plus forte qu'aux facteurs socio-économiques produits par la mondialisation néolibérale s'est ajouté un facteur politique d'une importance historique considérable. C'est l'effondrement du « socialisme réellement existant » et, avec lui, le discrédit majeur apporté à l'idée même du socialisme, aussi injuste que l'on puisse trouver l'identification de l'un à l'autre. Or, cette alternative sociale — entre le capitalisme et l'espérance utopique d'une société fondée sur la justice et l'égalité sociales — a structuré la représentation politique du monde, pendant près d'un siècle, et même plus en ce qui concerne l'Europe. Son effondrement a produit une extraordinaire perte de repères idéologiques, aggravant considérablement l'anomie générale.

La conjugaison de ces deux dimensions — l'anomie socio-économique et l'anomie politico-idéologique — a inévitablement entraîné des replis sur ces autres facteurs de solidarité sociale que sont « la religion, la famille, la patrie », comme Durkheim l'avait déjà relevé pour son temps. Replis « identitaires » qui ravagent notre planète derechef, depuis plusieurs années maintenant. La résurgence des intégrismes religieux n'en est qu'une des nombreuses manifestations, comme on a tenté de le montrer ici. Pour renverser cette tendance néfaste, il faudrait, certes, agir sur ses causes fondamentales inhérentes aux structures sociales, comme le préconisait l'auteur du *Suicide*. Mais à défaut de pouvoir les transformer immédiatement — et, en toute logique, afin de pouvoir les transformer — il faudrait que surgisse une alternative progressiste crédible au capitalisme néolibéral, capable de couper l'herbe sous les pieds des replis réactionnaires en canalisant le mécontentement social vers une action transformatrice dans le sens de la démocratie et de la justice. Cette même problématique a été exposée, dans le précédent chapitre, au sujet de l'intégrisme islamique.

En ce sens, et contrairement aux propos calomnieux de ceux qui croient pouvoir les renvoyer dos à dos, le mouvement progressiste de lutte contre la mondialisation néolibérale — né dans les dernières années du

XXe siècle et que caractérise, en cette orée du XXIe siècle, sa croissance rapide au sein de la nouvelle génération — apparaît bien comme le principal contre-feu aux intégrismes religieux et autres fanatismes identitaires.

Notes

1. Glucksmann, *op. cit.*, p. 82. Mais la précision est peu rassurante quand on voit, par ailleurs, le type d'amalgame qu'établit Glucksmann dans le même ouvrage : « Sous l'apparence d'insurrections de la misère contre le FMI, la Banque mondiale et la "Mondialisation" fonctionne un mode particulièrement sanglant de rotation et de renouvellement des élites, qui mobilise idéologiquement la masse au nom de la race, de la nation, de la classe ou de Dieu » (p. 31).

2. *Ibid.*, p. 82.

3. Michael Walzer, « Five Questions About Terrorism », *Dissent,* vol. XLIX, n° 1, hiver 2002. Sur cette question, comme pour une bonne partie de sa réflexion sur la « guerre juste », Walzer est moins inspiré par des impératifs éthiques catégoriques que par le souci de justifier les pratiques israéliennes.

4. Fiodor Dostoïevski, *Les Possédés,* Le Livre de Poche, Paris, 1972, p. 553.

5. « Interview Ossama bin Laden (may 1998) », dans « Hunting Bin Laden », *op. cit.* Dans l'interview réalisée par Al-Jazira quelques mois plus tard, à la question « que veut Ben Laden ? », celui-ci répondait, de même, qu'il se bat pour la libération des lieux saints de l'islam et pour que règne « la parole de Dieu » (« *Usama ben Laden yatahaddath* », *op. cit.*).

6. Oussama Ben Laden, message diffusé le 7 octobre 2001 sur Al-Jazira, Doha — traduit directement de l'arabe.

7. William Clinton, « A National Security Strategy for a New Century », The White House, Washington, mai 1997.

8. « Interview Ossama bin Laden (may 1998) », *op. cit.*

9. *Ibid.*

10. « *Usama ben Laden yatahaddath* », *op. cit.*

11. *Ibid.*

12. Comme l'a bien vu, et osé l'écrire, Jean Baudrillard : « C'est très logiquement, et inexorablement, que la montée en puissance de la puissance exacerbe la volonté de la détruire. Et

elle est complice de sa propre destruction. » (« L'esprit du terrorisme », *Le Monde,* 3 novembre 2001.) Plus loin, interprétant avec clairvoyance la motivation des kamikazes du 11 septembre, Baudrillard ajoutait : « Tout est dans le défi et dans le duel [...] avec la puissance adverse. C'est elle qui vous a humiliés, c'est elle qui doit être humiliée. Et non pas simplement exterminée. Il faut lui faire perdre la face. »

13. Ernesto Che Guevara, « Mensaje a los pueblos del mundo a través de la Tricontinental », dans *Escritos y discursos,* Editorial de Ciencias Sociales, La Havane, 1985, t. IX, p. 369 (traduction française sous le titre « Créer deux, trois... de nombreux Vietnam, voilà le mot d'ordre », dans *Textes politiques*, La Découverte, Paris, 2001).

14. André Malraux, *La Condition humaine,* Gallimard, Paris, 1981, p. 235.

15. Le Livre des juges, *La « Bible de Jérusalem »,* Cerf, Paris, 1961, p. 267.

16. Clausewitz, *op. cit.*, p. 52-53.

17. Samuel Huntington, *The Clash of Civilizations and the Remaking of World Order, op. cit.*, p. 41. Des deux best-sellers traduisant deux facettes de l'esprit du temps, le *Zeitgeist,* de l'après-guerre froide, celui de Huntington est nettement supérieur à celui de Fukuyama. Malgré le simplisme et le caractère forcé de nombre de ses thèses, il bénéficie du gros avantage qu'a la littérature « réaliste » sur la littérature « idéaliste » lorsqu'il s'agit d'analyser la réalité politique. L'ouvrage de Huntington, qui s'appuie sur un gros travail de documentation, fourmille de données intéressantes et pertinentes ; son relativisme en matière de civilisations l'incite à critiquer très justement un certain ethnocentrisme occidental et à déconstruire son discours « civilisateur ». En somme, l'ouvrage de Huntington est la projection sur le plan mondial de ce « multiculturalisme » caricatural qu'il appelle à combattre énergiquement aux États-Unis.

18. Le titre même de l'ouvrage de Huntington semble emprunté à Braudel, qui écrivait au sujet du monde musulman : « Les problèmes économiques et sociaux se posent presque partout dans des termes identiques, dans la mesure où ils naissent, pour l'essentiel, du choc entre une civilisation islamique archaïque, traditionnelle, conservée jusqu'à nos jours, avec une civilisation moderne qui l'investit de toutes parts. » Fernand Braudel, *Grammaire des civilisations,* Flammarion, Paris, 1993, p. 145. Toutefois, Braudel distinguait nettement entre la civilisa-

tion des pays arabophones — la langue arabe étant « un des signes les plus sûrs des pays que touche vraiment l'unité de la civilisation musulmane » *(ibid.)* — et celle des autres régions musulmanes, comme l'Afrique noire, le sous-continent indien, l'Insulinde et la Chine, où l'islam se mêle à d'autres civilisations. Parmi les précautions méthodologiques que Braudel jugeait nécessaires pour une étude des civilisations, il avait expressément indiqué son rejet des « listes étroites de civilisation » (Huntington en propose neuf !) et souligné la nécessité de diviser les *major civilizations* (en anglais, dans le texte de Braudel) « en sous-civilisations et celles-ci en éléments plus menus encore » (« L'histoire des civilisations : le passé explique le présent », dans *Écrits sur l'histoire,* Flammarion, Paris, 1969, p. 291). Ainsi, non seulement Braudel distinguait-il entre la civilisation européenne et les civilisations américaines — là où Huntington regroupe l'Amérique du Nord avec l'Europe et l'Australie, dans la « civilisation occidentale » —, mais il distinguait même entre les différentes civilisations européennes : « Il y a, qu'on lui donne l'étiquette que l'on voudra, une civilisation française, une allemande, une italienne, une anglaise, chacune avec ses couleurs et contradictions internes. Les étudier toutes sous le vocable général de civilisation occidentale me paraît par trop simple. » *(Ibid.)* En réalité, le découpage des civilisations chez Samuel Huntington n'est que la projection de ses schèmes politiques.

19. Norbert Elias (*Über den Prozess der Zivilisation,* traduction française en deux tomes), t. II, *La Dynamique de l'Occident,* Calmann-Lévy, Paris, 1975, p. 318.

20. Enzo Traverso, *La Violence nazie. Une généalogie européenne,* La Fabrique, Paris, 2002, p. 166.

21. Herbert Marcuse, *Eros and Civilization : A Philosophical Inquiry into Freud,* Abacus, Londres, 1972, p. 81 (traduction française : *Éros et civilisation : contribution à Freud,* Minuit, Paris, 1963).

22. Marx, « The Indian Revolt », *op. cit.*, p. 452.

23. Primo Levi, *Si c'est un homme,* Julliard, Paris, 1987, p. 94-97.

24. Michel Foucault, « *Il faut défendre la société.* » *Cours au Collège de France. 1976,* Gallimard, Paris, 1997, p. 214. Les commentaires sur le « biopouvoir » dans ce cours sont plus intéressants que les quelques pages sur le même sujet dans *Histoire de la sexualité* (Gallimard, Paris, 1976). Notons, en particulier,

que dans ce dernier ouvrage, Foucault écrit que le nouveau pouvoir s'est « substitué » au vieux droit (p. 181), alors que dans « *Il faut défendre la société* », il dit plus correctement (à la page citée) : « Et je crois que, justement, une des plus massives transformations du droit politique au XIXe siècle a consisté, je ne dis pas exactement à substituer, mais à compléter, ce vieux droit de souveraineté — faire mourir ou laisser vivre — par un autre droit nouveau, qui ne va pas effacer le premier, mais qui va le pénétrer, le traverser, le modifier, et qui va être un droit, ou plutôt un pouvoir exactement inverse : pouvoir de "faire" vivre et de "laisser" mourir. »

25. *Ibid.*, p. 227.

26. « Il y a une *continuité historique* qui fait de l'Europe libérale un laboratoire des violences du XXe siècle et d'Auschwitz un produit authentique de la civilisation occidentale. » Traverso, *op. cit.*, p. 167 (souligné par l'auteur).

27. Freud, *Le Malaise dans la culture*, dans *Œuvres complètes, op. cit.*, p. 298. Sur la dialectique civilisationnelle des deux pulsions, voir aussi, outre *Eros and Civilization* de Herbert Marcuse déjà cité, le magnifique ouvrage de Norman Brown, *Life Against Death : The Psychoanalytical Meaning of History,* University Press of New England, Hanover (N. Hamp.), 1959 (traduction française : *Éros et Thanatos. La Psychanalyse appliquée à l'Histoire,* Julliard, Paris, 1960).

28. Elias (*op. cit.*, t. I), *La Civilisation des mœurs,* Calmann-Lévy, Paris, 1973, p. 281.

29. Carl Schmitt, *Théorie du partisan*, dans *La Notion de politique/Théorie du partisan,* Flammarion, Paris, 1992, p. 304. Carl Schmitt attribuait cette logique de « l'hostilité absolue » tant au « partisan » théorisé par Lénine qu'aux détenteurs d'armes de destruction massive qui utilisent ces moyens (occultant au passage « l'hostilité absolue » génocidaire des nazis). En un sens, ses considérations sur la théorie du partisan chez Lénine — qui confondent « l'hostilité absolue » à un système avec « l'hostilité absolue » aux hommes qui en profitent (« Son ennemi absolu [parlant de Lénine] était, concrètement, l'ennemi de classe, le bourgeois, le capitaliste occidental et son ordre social dans tout pays où régnait celui-ci »), p. 258) — s'appliquent plus justement à Ben Laden, y compris la faiblesse de la dimension « tellurique », nationale, en rapport avec le caractère mondial de la lutte.

30. Comme l'a écrit un auteur inattendu dans ce registre : « L'inégalité des moyens, la disproportion des camps adverses sont si écrasantes qu'elles interdisent de renvoyer dos à dos l'État terroriste et sa victime, même quand celle-ci dérape, car nul n'est immaculé. » Glucksmann, *op. cit.*, p. 177-178. Il ne s'agissait, bien entendu, que des Russes face aux Tchétchènes...

31. Hannah Arendt, *The Origins of Totalitarianism,* « Preface to the First Edition », Harcourt Brace, Orlando, 1979, p. IX (traduction française : *Les Origines du totalitarisme,* publiée en trois volumes aux éditions du Seuil, Paris).

32. William Cohen, *Report of the Quadrennial Defense Review,* Department of Defense, Washington, mai 1997, section II, « The Global Security Environment ».

33. « Ramzi Yousef, un partisan [de Ben Laden], ne tua que six personnes lorsqu'il plaça des bombes dans le World Trade Center cinq semaines après l'installation de Clinton à la Maison-Blanche. Il avait dépensé 400 dollars en nitrate d'ammonium et fioul pour préparer le camion piégé du 26 février 1993. Mais la déposition peu remarquée des ingénieurs du bâtiment a indiqué plus tard que, avec deux ou trois fois ce budget, Yousef aurait pu tuer des dizaines de milliers de personnes dans l'écroulement subit des tours. » Gellman, « The Covert Hunt for bin Laden : Struggles Inside the Government Defined Campaign », *op. cit.*

34. Comme l'a écrit très justement l'éditorialiste conservateur William Safire : « En créant les moyens de surveiller 300 millions de visites aux États-Unis annuellement, cette administration et une opposition avachie sont en train de construire un système capable d'identifier, suivre à la trace et espionner 300 millions d'Américains. » « The Great Unwatched », *New York Times,* 18 février 2002.

35. Thomas Schelling, *The Strategy of Conflict,* Harvard, Cambridge (Mass.), 1980, p. 11 (traduction française : *Stratégie du conflit,* PUF, Paris, 1986).

36. Gellman, « The Covert Hunt for bin Laden : Struggles Inside the Government Defined Campaign », *op. cit.*

37. John Burns, « On Videotape, Bin Laden Charts a Violent Future », *New York Times,* 9 septembre 2001.

38. « La lutte des volontés se ramène donc à une lutte pour la liberté d'action, chacun cherchant à la conserver et à en priver l'adversaire. » André Beaufre, *Introduction à la stratégie,* Armand Colin, Paris, 1963, p. 29.

39. Sur les options politiques concrètes débattues au sein de l'administration américaine dans les années 1990, voir mon

ouvrage *La Nouvelle Guerre froide : le monde après le Kosovo,* PUF, Paris, 1999.

40. Joint Chiefs of Staff, *Joint Vision 2010,* Department of Defense, Washington, 1996, p. 34.

41. Des auteurs de langue française réservent le terme « asymétrie » aux rapports du faible au fort, et utilisent son synonyme « dissymétrie » pour désigner le rapport du fort au faible. Cette distinction terminologique ne figure pas dans les documents stratégiques états-uniens. L'emploi du même terme offre l'avantage de mieux mettre en lumière la symétrie des deux asymétries.

42. William Cohen, *op. cit.*, section VII, « Transforming US Forces for the Future ». La notion d'avantage asymétrique des forces états-uniennes est également présente dans *Joint Vision 2010.*

43. Donald Rumsfeld, « Foreword », dans DOD, *Quadrennial Defense Review Report,* Department of Defense, Washington, 30 septembre 2001, p. IV.

44. Sur toutes ces questions, voir mon ouvrage déjà cité, *La Nouvelle Guerre froide.*

45. De même qu'il ne faut pas oublier que, dans la campagne des présidentielles de l'an 2000, le vice-président de Bill Clinton et candidat démocrate, Al Gore, battait largement George W. Bush dans la surenchère en matière de dépenses militaires. Voir ma contribution « L'esprit (et le budget) d'une nouvelle guerre froide », dans l'ouvrage collectif *Les États-Unis s'en vont-ils en guerre,* GRIP-Complexe, Bruxelles, 2000.

46. DOD, *op. cit.*, p. 18 et 21.

47. En réalité, l'administration Bush ne dépasse que de peu, en projection quinquennale, l'augmentation décidée par l'administration Clinton, soit 120 milliards de dollars contre 112 milliards de dollars — à la différence près que la nouvelle augmentation, dont le chiffre correspond à celui que promettait Al Gore dans sa campagne présidentielle, est plus inégalement étalée, en raison des 48 milliards du prochain budget, et s'ajoute aux effets déjà réalisés de la précédente. Le budget militaire 2007 devrait dépasser les 450 milliards de dollars, selon cette programmation.

48. Voir, par exemple, l'article retentissant que Samuel Huntington écrivit à la veille de la guerre du Kosovo : « The Lonely Superpower », dans *Foreign Affairs,* vol. LXXVIII, n° 2, mars-avril 1999.

49. Pour une critique « clintonienne » de l'unilatéralisme de l'administration Bush, voir Joseph Nye, « Seven Tests : Between Concert and Unilateralism », *The National Interest,* n° 66, hiver 2001/2002. Voir aussi Stewart Patrick, « Don't Fence Me In : The Perils of Going It Alone », *World Policy Journal,* vol. XVIII, n° 3, automne 2001.

50. Voir mon article « Jeu triangulaire entre Washington, Moscou et Pékin », *Le Monde diplomatique,* décembre 2001.

51. Voir le chapitre précédent.

52. Les membres du réseau Al-Qaida qui voudraient échapper aux mains de Washington n'ont ainsi de meilleur refuge que l'Europe, paradoxalement, quitte à y séjourner en prison.

53. Un des gourous de l'administration Bush n'a-t-il pas écrit le jour même des attentats : « Nous ne savons pas encore si Oussama Ben Laden a fait cela, bien que cela semble avoir les traits distinctifs d'une opération de type Ben Laden. Mais quel que soit le gouvernement qui abrite des groupes capables de ce genre d'attentat, que leur implication dans cet attentat ait été établie ou non, il doit payer un prix exorbitant. » Surprenante conception de la justice ! C'était Henry Kissinger, dans un article au titre inspiré du « *Delenda est Carthago* » de Caton l'Ancien : « Destroy the Network », *Washington Post,* 12 septembre 2001.

54. Au sujet des victimes civiles afghanes directes des bombardements (sans compter donc les « combattants », ou les victimes indirectes, ou à plus long terme) : « Quelques chercheurs ont déjà effectué quelques calculs, en se fondant sur diverses informations de presse. Marc W. Herod, un économiste de l'université du New Hampshire, a compté au moins 3 767 victimes civiles entre le 7 octobre et le 6 décembre. Carl Conetta, codirecteur du Project on Defense Alternatives, a utilisé une sélection plus rigoureuse des rapports de presse et a conclu que le chiffre serait plutôt de 1 000 à 1 300 morts.

Quel que soit le total, le Pentagone continuera probablement à insister sur l'idée qu'il ne s'agit que d'un minimum inévitable. "Il ne fait pas de doute que de temps en temps, des innocents, des non-combattants, sont sans aucun doute tués et c'est toujours malheureux", a dit M. Rumsfeld à plusieurs reprises. » Barry Bearak, « Unknown Toll in the Fog of War : Civilian Deaths in Afghanistan », *New York Times,* 10 février 2002.

55. Walzer, *op. cit.*

56. Dans ses attendus, cette même résolution reconnaissait « le droit inhérent à la légitime défense individuelle ou collec-

tive conformément à la Charte ». Il faut une conception du droit bien singulière pour voir dans ce rappel redondant d'un principe inscrit dans la Charte une autorisation accordée aux États-Unis pour mener seuls une guerre de représailles et de vengeance, plutôt que de légitime défense, contre un pays accusé d'héberger l'inspirateur de leurs agresseurs terroristes. Le Conseil de sécurité proposait de prendre lui-même les mesures nécessaires, et ce n'est pas fortuitement que le rappel de la Charte figurait trois fois dans la résolution. L'action des États-Unis s'est déroulée en violation flagrante de la Charte des Nations unies.

57. À défaut de la Cour pénale internationale, dont Washington ne veut pas entendre parler parce qu'il lui est inconcevable que les soldats de l'Empire puissent être soumis à une juridiction autre que celle de l'Empire lui-même.

58. Le manifeste de février 2002 en faveur de la guerre de George W. Bush et Donald Rumsfeld — signé par une liste impressionnante de célébrités du monde intellectuel états-unien parmi lesquelles figurent aussi bien Fukuyama que Huntington ou encore « l'évangélique » Richard Mouw, ainsi que plusieurs philosophes religieux ou laïques de la « guerre juste » dont, bien sûr, Michael Walzer — atteint à ce sujet sa plus forte similarité avec les élucubrations de la casuistique dans l'histoire des justifications théologiques des guerres impériales. Partant des principes de la doctrine chrétienne, augustinienne-thomiste, de la « guerre juste », le manifeste ne peut éviter de rappeler le principe selon lequel : « Une guerre juste ne peut être menée que par une autorité légitime responsable de l'ordre public. » Mais le soin a été pris, au préalable, d'expliquer en note ce qui suit : « Certains suggèrent que la condition du "dernier recours" dans la théorie de la guerre juste — en substance, l'exigence que toutes les alternatives raisonnables et plausibles à l'usage de la force doivent être explorées — n'est pas remplie avant que le recours aux armes ait été approuvé par une instance internationale reconnue, telle que l'ONU. Cette proposition est problématique. D'abord, c'est une nouveauté ; historiquement, l'approbation par une instance internationale n'a pas été considérée par les théoriciens de la guerre juste [lesquels ? ceux du Moyen Âge ?] comme une condition de cause juste. Ensuite, il est très discutable qu'une instance internationale comme l'ONU soit en position d'être le meilleur juge suprême pour décider quand, et à quelles conditions, un recours particulier aux armes est justifié [le gouvernement des États-Unis serait-il meilleur

juge ?]. De même, on peut discuter pour savoir si la tentative par cette instance de prononcer et appliquer de tels jugements compromettrait inévitablement sa mission première de travail humanitaire [ces honorables intellectuels confondraient-ils l'ONU avec la Croix-Rouge ?]. » « What We're Fighting For », *op. cit.* Au sujet de la doctrine de la « guerre juste » appliquée à la guerre du Kosovo, voir mon article « Is NATO's Onslaught a "Just War" ? », *Monthly Review,* vol. LI, n° 2, juin 1999.

59. George W. Bush, « Address to a Joint Session of Congress and the American People », *op. cit.*

60. « Interview of Secretary of Defense Donald H. Rumsfeld by Bob Schieffer and Gloria Borger on CBS "Face the Nation" », DOD News Briefing, Washington, 23 septembre 2001. Richard Perle, qui a été placé par Donald Rumsfeld à la tête du Defense Policy Board, organisme de conseil du Pentagone, a exprimé plus crûment encore la philosophie unilatéraliste de l'administration Bush. C'était dans le cadre d'une conférence sur l'impact des attentats du 11 septembre, en date du 4 octobre 2001, dont la transcription a été publiée : « Je ne crois pas qu'une coalition soit aussi importante aujourd'hui qu'elle ne l'était avant la Tempête du désert. Cette coalition-là — soyons francs — était au moins aussi importante pour obtenir 51 voix au Sénat des États-Unis qu'elle ne l'était pour assembler des forces capables d'affronter l'armée de Saddam Hussein. Ceux d'entre nous qui furent impliqués dans cet épisode se souviennent très bien que l'établissement de cette coalition fut un argument puissant face aux sénateurs récalcitrants [...]. Je suis inquiet de choses que certains applaudissent. Par exemple, le soutien de l'OTAN, en invoquant l'article 5, me trouble. Nous n'en avons pas besoin, les bénéfices politiques n'en valent pas la chandelle, et si on permettait à cela d'établir un précédent — si l'on permet à cela de créer le sentiment que nous devons obtenir l'accord de l'OTAN sous l'article 5 avant de faire ce que nous ferons ensuite —, alors, en définitive, ce soutien aura été plus nuisible qu'utile. » « After September 11 : A Conversation », *The National Interest,* n° 65, Spécial Thanksgiving 2001, p. 84-85.

61. Ralph Dannheisser, « FBI Experts Say Hundreds of Trained al-Qaida Terrorists at Large », *Washington File,* 19 décembre 2001.

62. « DOD's Wolfowitz Calls for NATO Military Transformation Agenda », *Washington File,* 4 février 2002.

63. « Si la grammaire (orthodoxe) de la "supériorité" est compatible avec le projet clintonien de "mise en forme du monde" (*shaping*), celle qui se cherche autour de la "guerre asymétrique" (comme forme dominante ou nouvelle de la guerre) entre plutôt en résonance avec le paradigme huntingtonien du clash des civilisations. » Maurice Ronai, « Asymétrie et clash des civilisations militaires », *Cahiers d'études stratégiques*, n° 25, EHESS, Paris, 1999, p. 36.

64. Zbigniew Brzezinski, *The Grand Chessboard*, Basic Books, New York, 1997, p. 40 (traduction française : *Le Grand Échiquier : l'Amérique et le reste du monde*, Bayard, Paris, 1997).

65. David Isenberg, « Welcome to the Postmodern Warfare Era », *IntellectualCapital.com*, vol. V, n° 40, 30 octobre 2000.

66. « Même les banlieues américaines prospères sont de plus en plus délimitées en zones super-riches protégées séparément. Ce phénomène — que les promoteurs immobiliers appellent avec euphémisme des "communautés encloses" — reflète une combinaison troublante de paranoïa sociale et de snobisme prétentieux. Hélas, la décision prochaine des États-Unis de déployer un système de défense nationale antimissile pourrait transformer l'Amérique elle-même en communauté enclose internationale. » Brzezinski, « Indefensible Decisions », *Washington Post*, 5 mai 2000.

67. Fukuyama, « Nous sommes toujours à la fin de l'Histoire », *op. cit.*

68. En ce qui concerne les États-Unis, voir Morris Dees et Mark Potok, « The Future of American Terrorism », *New York Times*, 10 juin 2001.

69. Office of the Historian, « Significant Terrorist Incidents, 1961-2001 : A Chronology », Bureau of Public Affairs, Department of State, Washington, 31 octobre 2001.

70. Richard Falkenrath, Robert Newman et Bradley Thayer, *America's Achille's Heel : Nuclear, Biological and Chemical Terrorism and Covert Attack*, MIT Press, Cambridge (Mass.), 1998, p. 47. Une partie des informations figurant dans le texte, sur McVeigh et Aum Shinrikyo, a été empruntée à cet ouvrage.

71. Gellman, « The Covert Hunt for bin Laden : Struggles Inside the Government Defined Campaign », *op. cit.*

72. Voir à ce sujet mon article « Le spectre du "bioterrorisme" », *Le Monde diplomatique*, juillet 1998.

73. Michel Foucault, « *Il faut défendre la société* », *op. cit.*, p. 226.

74. Pavel Felgenhauer, « Terrorists One Step Ahead », *Moscow Times,* 9 novembre 2001.

75. Darshan Johal, éditorial, *Habitat Debate,* vol. IV, n° 1, *Towards Safer Cities,* mars 1998 (existe en version française).

76. Chiffres cités par Franz Vanderschueren, « Towards Safer Cities », *Ibid.*

77. *Youth Violence in Urban Communities, Urban Seminar Series on Children's Health and Safety,* Harvard University, Cambridge (Mass.), mai 2000.

78. Vanderschueren, *op. cit.*

79. *The State of the World's Cities Report 2001,* UNCHS (Nairobi), United Nations Publications, New York, 2001, p. 19.

80. Durkheim, *op. cit.*, p. 408.

81. On pourrait également, en s'inspirant de l'analyse durkheimienne, étudier la façon dont les différentes religions — et non les « civilisations » — favorisent tel ou tel type de réaction à l'anomie.

82. *Ibid.*, p. 283.

83. James Steinberg, cité dans Gellman, « The Covert Hunt for bin Laden : Struggles Inside the Government Defined Campaign », *op. cit.* Directeur de la planification politique au département d'État, Steinberg avait eu l'occasion, en 1995, de mesurer l'étendue du phénomène, dans le cadre d'une enquête sur les menaces de l'après-guerre froide.

84. Durkheim, *op. cit.*, p. 422 et 446.

CONCLUSION

Le Léviathan et les présidents

Samuel Huntington lui-même constatait en une conclusion toute spenglérienne, à la fin de son ouvrage très cité, mais beaucoup moins lu : « À l'échelle mondiale, la Civilisation semble à bien des égards céder devant la barbarie, en générant l'image d'un phénomène sans précédent, un Âge des ténèbres mondial s'abattant peut-être sur l'humanité [1]. »

Cet Âge des ténèbres mondial, expliquait Huntington, semble confirmer le « paradigme du "chaos pur" dans les affaires mondiales : affaissement mondial de la loi et de l'ordre, États en faillite et anarchie croissante dans plusieurs parties du monde, vague mondiale du crime, mafias transnationales et cartels de la drogue, consommation croissante de drogue dans plusieurs sociétés, affaiblissement de la famille, déclin de la confiance et de la solidarité sociale dans plusieurs pays, violence ethnique, religieuse, entre civilisations, et gouvernement par le fusil dominant dans une grande partie du monde [2]. »

Tel est le spectacle angoissant du monde dans l'après-guerre froide, que Huntington déplorait et où il voyait « des éléments fondamentaux de la Civilisation s'estomper ». Le paradigme du « chaos pur » n'est autre que le paradigme hobbesien de « l'état de nature » (*natural condition*), tant prisé dans la littérature des relations internationales[3]. Cette antithèse hypothétique du Léviathan, principal paradigme conçu par Thomas Hobbes et titre de son ouvrage le plus célèbre, consiste en un état de guerre (*condition of war*) « de chacun contre chaque autre » — non pas au sens où la guerre se déroulerait en permanence, mais au sens où « chacun est l'ennemi de chaque autre » et doit donc maintenir en permanence une « disposition » à la guerre[4]. Ce paradigme a souvent été appliqué pour décrire l'état du monde jusqu'à la Seconde Guerre mondiale, mais aussi au temps de la guerre froide, ce qui est plus contestable. Certes, le concept même de « guerre froide » correspond tout à fait à la définition de l'état de guerre que donnait le philosophe anglais au XVIIe siècle.

Toutefois, la guerre froide opposait fondamentalement deux camps régis par deux superpuissances, et ne correspondait pas à une situation où, en transposant le concept hobbesien, chaque État est l'ennemi de chaque autre et où règne la guerre de tous contre tous. La société internationale du temps de la guerre froide avait la particularité d'être régie par deux Léviathans, au sens hobbesien de pouvoirs dotés d'une grande force et inspirant la peur, garants de la paix et de la défense de leur communauté respective : deux Léviathans opposés, se contrebalançant mutuellement dans un jeu planétaire à somme nulle, fondé sur ce qui a été appelé très justement « l'équilibre de la terreur ». Le monde était régi par un *duopole de la violence physique légitime,* pourrait-on dire, en adaptant la formule célèbre par laquelle Max Weber a défini l'État moderne. Chaque superpuissance détenait dans son propre camp le monopole de la détermination des usages légitimes de la violence interétatique, tandis que l'Organisation des Nations unies servait, tant bien que mal, de lieu de gestion des empiétements réciproques et des crises éclatant dans les zones grises du *no superpower's land.*

L'effondrement du Léviathan soviétique a déstabilisé cette structure du monde, ouvrant le champ à un retour croissant à l'état de nature sur le plan international. La probabilité de ce retour au paradigme du « chaos pur » était inscrite dans le fait, ou, du moins, la supposition légitime que le Léviathan états-unien ne saurait suppléer, à lui seul, aux fonctions de maintien de l'ordre international, qu'il assurait auparavant en collaboration conflictuelle avec son homologue soviétique. L'invasion ouvertement annexionniste du Koweït par l'Irak de Saddam Hussein sembla inaugurer, aux yeux de certains observateurs, un nouvel « état de nature » international, dans lequel régnerait la loi de la jungle. Pour cette invasion qui fut finalement refoulée pour cause de pétrole, combien de conflits n'ont-ils pas éclaté, en effet, en divers points de la planète, jusqu'en Europe même, face auxquels la désormais seule superpuissance états-unienne affichait son indifférence, arguant elle-même de son incapacité à jouer, à elle seule, le rôle de gendarme mondial, si tant est qu'elle en eût la volonté ?

Comment empêcher, dès lors, le glissement vers le chaos, vers l'état de guerre hobbesien ? Telle fut la principale question posée par la fin de l'URSS. Autrement dit, comment réorganiser une monopolisation de la violence physique légitime à l'échelle mondiale, condition *sine qua non* de la sécurité et de l'ordre qui, fussent-ils bourgeois, restent préférables, somme toute, à la loi de la jungle, selon le sens commun.

Deux conceptions de l'ordre mondial

Deux options fondamentales pour la réorganisation du monde se sont offertes à la fin de la guerre froide, à l'image des deux théories opposées de la naissance de l'État dans la philosophie politique anglaise du XVIIe siècle, celles de Hobbes et de Locke. Ces deux théories sont bien connues, mais souvent différemment interprétées. C'est pourquoi il faut préciser la définition qu'on en donne du point de vue de la théorie politique générale, avant d'en examiner l'application aux relations internationales, en soulignant qu'il s'agira ici de la projection mondiale des vues de Hobbes et de Locke au sujet de l'État, et non de leurs vues respectives des rapports interétatiques et du rapport de l'Angleterre au reste du monde.

Dans la conception hobbesienne du Léviathan, le pouvoir souverain est établi soit par la force, « par acquisition », soit par accord politique des hommes, « par institution », ces deux voies étant également fondées sur la « peur » : peur du pouvoir souverain, dans le premier cas, et peur des hommes « les uns des autres », dans le second cas[5]. Ainsi, quel que soit son mode d'instauration, le Léviathan règne par la peur qu'il inspire : il a « l'usage de tant de pouvoir et de force qui lui sont conférés, que par la terreur de cela, il est capable de former les volontés de tous », chaque homme ayant « autorisé tous ses actes » en abdiquant sa souveraineté individuelle, son « droit de me gouverner moi-même », en sa faveur[6].

Contrairement à certaines interprétations, l'idée de la convention (*covenant*) fondant la nature contractuelle du pouvoir n'est chez Hobbes qu'un artifice destiné à masquer le caractère violent de l'assujettissement de la société civile. Le pouvoir apparaît ainsi comme toujours légitimé par contrat, même lorsque le pouvoir souverain « soumet ses ennemis à sa volonté par la guerre, leur accordant la vie sauve à cette condition[7] ». Locke a réfuté cette légitimation du pouvoir conquérant, en soulignant, à juste titre, que même « des *captifs* pris dans une guerre juste et légitime, et seulement ainsi, sont *assujettis à un pouvoir despotique,* qui, du fait qu'il n'émane pas d'un contrat [*compact*], et ne pourrait en conclure un, n'est que la continuation de l'état de guerre [*the state of war continued*][8] ». C'est cette même idée de la continuation de l'état de guerre, de la guerre civile, que Michel Foucault — qui ne citait pas Locke, cependant, mais inversait la formule de Clausewitz — généralisera en la décrivant comme constitutive de l'essence de tout pouvoir dont la répression est le mécanisme fondamental[9].

Foucault critiquait en ces termes l'entreprise de mystification, qu'il décelait dans le concept hobbesien d'une souveraineté contractuelle en apparence :

« La souveraineté se constitue donc à partir d'une forme radicale de volonté, forme qui importe peu. Cette volonté est liée à la peur et la souveraineté ne se forme jamais par en haut, c'est-à-dire par une décision du plus fort, du vainqueur, ou des parents. La souveraineté se forme toujours par en dessous, par la volonté de ceux qui ont peur. De sorte que, malgré la coupure qui peut apparaître entre les deux grandes formes de république (celle d'institution née par rapport mutuel, et celle d'acquisition née de la bataille), entre l'une et l'autre apparaît une identité profonde de mécanismes. [...] C'est ce discours de la lutte et de la guerre civile permanente que Hobbes a conjuré en replaçant le contrat derrière toute guerre et toute conquête et en sauvant ainsi la théorie de l'État[10]. »

À l'opposé de la théorie hobbesienne, la conception lockéenne de la fondation d'une « société politique » à partir de l'état de nature (que Locke distingue de l'état de guerre) est celle de l'association par libre consentement en vue d'établir un pouvoir régi par la majorité (nous faisons abstraction ici des discriminations fondées sur le sexe et la propriété). Il en découle la conception d'un gouvernement soumis à la volonté majoritaire et agissant selon des règles et des lois qui garantissent les buts et droits pour lesquels il a été fondé, et définissent les pouvoirs dont il a été doté, dans la limite de ce qui est nécessaire aux mêmes fins.

« Ceux qui sortent donc de l'état de nature pour s'unir en une *communauté* doivent être regardés comme ayant remis tout le pouvoir nécessaire aux fins pour lesquelles ils s'unissent en société à la *majorité* de la communauté, à moins qu'ils n'aient convenu expressément d'un nombre plus grand que la majorité[11]. »

« Et donc, quelle que soit la forme de la république, la puissance dirigeante doit gouverner selon des lois *publiées* et *reçues,* et non selon des décisions imposées à l'improviste et des résolutions indéterminées. Car alors les hommes seraient dans une condition bien pire que l'état de nature, s'ils avaient armé un homme ou quelques-uns du pouvoir réuni d'une multitude, pour se voir forcés par eux d'obéir à discrétion aux décrets exorbitants et illimités de leurs pensées impromptues ou de leurs volontés non refrénées et inconnues jusque-là, sans règle aucune établie pour guider et justifier leurs actions[12]. »

La souveraineté, au sens classique de pouvoir absolu et perpétuel dans la communauté, n'appartient, chez Locke, qu'à la totalité des citoyens associés, détenteurs du pouvoir constituant; « ainsi reconstruite, la notion de souveraineté a entièrement changé de sens, puisqu'elle n'implique, pour le citoyen, ni structure d'assujettissement ni obligation inconditionnelle d'obéissance[13] ».

Mutatis mutandis, les deux conceptions du pouvoir politique peuvent être transposées de l'ordre des rapports interindividuels à celui des rapports interétatiques, de la société civile à la société des nations. Elles ont trouvé toutes deux leur expression la plus typique au XXe siècle, premier « siècle américain », dans l'opposition entre les pratiques et conceptions de deux présidents des États-Unis, deux cousins, portant même nom de surcroît : Theodore et Franklin Roosevelt.

Ayant accédé à la vice-présidence en 1901, première année du XXe siècle, Theodore Roosevelt assuma les fonctions de président par suite de l'assassinat, le 6 septembre 1901, du président William McKinley. Dans le domaine de la politique extérieure, il continua l'œuvre de ce dernier, plutôt qu'il n'innova réellement, tout en formulant sa systématisation. Il est convenu, à juste titre, de considérer la présidence de McKinley (1897-1901) comme le moment décisif dans la mutation impérialiste des États-Unis, même s'ils n'accédèrent au premier plan de la politique internationale qu'à l'occasion de la Première Guerre mondiale. McKinley présida à la projection mondiale de la « *manifest destiny* » : guerre contre l'Espagne, extension de la domination états-unienne à Cuba et aux Philippines, politique de la « porte ouverte » en Chine et participation à la répression internationale de la révolte des Boxers.

C'est dans les rapports avec l'Amérique latine, en particulier, que Theodore Roosevelt, qui s'était déjà illustré à Cuba, dans la guerre contre l'Espagne, allait systématiser la doctrine impériale héritée de McKinley. Ainsi sera vérifiée, en un sens probablement imprévu par son auteur lui-même, la prédiction de Hegel qui avait vu dans l'Amérique, dans ses cours de 1822-1831 sur la philosophie de l'histoire, « le pays de l'avenir où se révélera plus tard, dans l'antagonisme de l'Amérique du Nord, peut-on supposer, avec l'Amérique du Sud, l'élément important de l'histoire universelle[14] ».

Le nom de Theodore Roosevelt est associé, dans l'histoire de la politique extérieure états-unienne, au *Big Stick* (gros bâton), politique hégémoniste brutale en Amérique latine, dont deux des épisodes les plus célèbres furent la mainmise des États-Unis sur la zone du canal de Panamá et le protectorat imposé à Cuba (amendement Platt). Le 6 décembre 1904, dans son message annuel au Congrès, Theodore Roosevelt énonçait la doctrine qui sera qualifiée de « corollaire Roosevelt » à la doctrine Monroe, alors qu'elle est en réalité beaucoup plus significative que cette dernière.

Ce célèbre discours est le manifeste paradigmatique le plus limpide de l'interventionnisme impérialiste des États-Unis, de William McKinley à William Clinton et George W. Bush. Tous les thèmes y figurent, jusqu'à la guerre humanitaire et la guerre contre le Mal. S'exprimant dans un pays de tradition constitutionnelle lockéenne, Theodore Roosevelt y exposait une justification hobbesienne d'un rôle de Léviathan dans la société des nations, en expliquant, en quelque sorte, que, faute de pouvoir établir une société internationale démocratique, le Léviathan doit nécessairement s'imposer. Le Léviathan, ou plutôt des Léviathans régionaux, les États-Unis assumant alors ce rôle dans l'hémisphère occidental, avant de pouvoir l'étendre à l'ensemble du « monde libre » après la Seconde Guerre mondiale, puis de le généraliser à la planète entière dans l'après-guerre froide.

Le discours du 6 décembre 1904 mériterait d'être reproduit dans son intégralité, tant il est resté actuel, mais on se contentera d'en citer ici des extraits :

« À l'intérieur de la nation, à présent, l'individu a délégué ce droit [de réparer les torts] à l'État, c'est-à-dire au représentant de tous les individus, et c'est une maxime de la loi que pour chaque tort, il y a un remède. Mais en droit international, nous sommes très loin d'être aussi avancés qu'en droit national. En droit international, il n'y a pas encore de moyen judiciaire d'imposer un droit. [...]

En attendant que soit conçue une méthode qui instituerait un certain degré de contrôle international sur les nations qui commettent des préjudices, il serait pernicieux que désarment les puissances les plus civilisées, celles qui ont le plus grand sens des obligations internationales et l'appréciation la plus fine et la plus généreuse de la différence entre le juste et l'injuste. Si les grandes nations civilisées d'aujourd'hui venaient à désarmer complètement, le résultat signifierait une recrudescence immédiate de la barbarie sous une forme ou une autre. Quelles que soient les circonstances, un armement suffisant devrait être entretenu afin de servir aux fonctions de police internationale ; et jusqu'à ce que la cohésion internationale et le sens des devoirs et droits internationaux deviennent beaucoup plus avancés qu'ils ne le sont à présent, une nation désireuse à la fois d'assurer le respect pour elle-même et de faire du bien aux autres doit avoir une force adéquate pour cette tâche qu'elle sent lui avoir été assignée en tant que partie du devoir mondial général. [...] Un grand peuple libre se doit à lui-même et doit à l'humanité entière de ne pas sombrer dans l'impuissance devant les forces du Mal. [...]

Tout pays dont le peuple se conduit bien peut compter sur notre amitié chaleureuse. Si une nation montre qu'elle sait comment agir avec efficacité et décence raisonnables dans les affaires sociales et politiques, si elle maintient l'ordre et s'acquitte de ses dettes, elle ne doit pas craindre une intervention de la part des États-Unis. Une mauvaise conduite persistante, ou une incapacité qui aboutirait à un relâchement général des liens de la société civilisée, peut, en Amérique comme partout ailleurs, requérir en définitive l'intervention de quelque nation civilisée. Dans l'hémisphère occidental, l'adhésion des États-Unis à la doctrine Monroe peut les forcer, même à contrecœur, à l'exercice d'un pouvoir de police international, dans les cas flagrants de telle mauvaise conduite ou incapacité. [...] C'est un pur truisme que de dire que chaque nation, en Amérique comme n'importe où ailleurs, qui désire maintenir sa liberté, son indépendance, doit se rendre compte, en définitive, que le droit à une telle indépendance ne peut être séparé de la responsabilité d'en faire bon usage. »

Franklin Roosevelt prit le contre-pied de son cousin. Il était profondément attaché à la tradition libérale, dans sa dimension politique lockéenne, comme dans la dimension socio-économique réformiste, de type keynésien, que les libéraux éclairés vinrent à percevoir comme étant le complément nécessaire de la première, dans un monde où la crise économique et sociale avait produit les pires dictatures. Le second Roosevelt transposa ces deux visions au plan des relations internationales, dans ce qui fut et reste la présidence la plus progressiste de l'histoire des États-Unis à l'ère impérialiste.

Le contraste entre la politique des deux cousins à l'égard de l'Amérique latine est on ne peut plus saisissant. Au lieu du *Big Stick,* Franklin Roosevelt pratiqua une politique de « bon voisinage » (*Good Neighbor Policy*) avec le reste du continent : il répudia ouvertement l'interventionnisme du « corollaire Roosevelt » en 1933, abrogea l'amendement Platt, retira les marines de Haïti, desserra le contrôle états-unien sur la république Dominicaine, le Nicaragua et Panamá, et réagit très modérément à la nationalisation des intérêts agricoles et, pétroliers états-uniens au Mexique, malgré la pression des compagnies pétrolières pour une intervention militaire. Par une série de déclarations panaméricaines, les relations interaméricaines furent redéfinies, sous Franklin Roosevelt, dans un sens égalitaire, respectueux de la souveraineté et de l'indépendance des États, accompagné d'une évolution des relations économiques favorable aux intérêts latino-américains.

Dans son message annuel au Congrès prononcé le 6 janvier 1941, et connu sous le nom de discours des « quatre libertés », Franklin Roosevelt énonça des principes de politique intérieure et extérieure, à valeur de manifeste. Six principes de politique intérieure étaient définis : « Égalité des chances pour les jeunes et les autres. Des emplois pour ceux qui peuvent travailler. La sécurité [sociale] pour ceux qui en ont besoin. La fin des privilèges particuliers réservés à un petit nombre. La préservation des libertés publiques pour tous. La jouissance des fruits du progrès scientifique en un niveau de vie plus large et en hausse constante. »

S'y ajoutaient quatre principes de politique extérieure, les « quatre libertés », qui devaient guider les États-Unis dans leur engagement dans la Seconde Guerre mondiale, que Roosevelt préparait alors :

« Dans le futur, que nous cherchons à rendre sûr, nous aspirons à un monde fondé sur quatre libertés humaines essentielles.

La première est la liberté de parole et d'expression — partout dans le monde.

La deuxième est la liberté de chaque personne à pratiquer le culte de Dieu à sa façon — partout dans le monde.

La troisième est la liberté par rapport au besoin — qui, traduite en termes mondiaux, signifie des accords économiques qui garantiront à chaque nation une vie saine en paix pour ses habitants — partout dans le monde.

La quatrième est la liberté par rapport à la peur — qui, traduite en termes mondiaux, signifie une réduction mondiale des armements à un point tel et d'une façon si radicale qu'aucune nation ne sera en position de commettre un acte d'agression physique contre un quelconque voisin — n'importe où dans le monde.

Ce n'est pas une vision pour un lointain millénaire. C'est une base précise pour un type de monde qu'il est possible d'atteindre à notre époque et par notre propre génération. Ce type de monde est l'antithèse même du soi-disant nouvel ordre tyrannique que les dictateurs cherchent à créer au moyen de leurs bombes. »

Les options des après-guerres

La conception lockéenne-rooseveltienne des relations internationales allait trouver son expression la plus importante dans la Charte des Nations unies, élaborée et adoptée en 1945, immédiatement après la mort de Franklin Roosevelt, et largement inspirée des principes qu'il avait énoncés pendant la Seconde Guerre mondiale. Son élaboration au sortir de cette guerre semblait vérifier en quelque sorte le pronostic étonnamment optimiste formulé par Norbert Elias en 1939, en vertu de sa vision mécaniste et kantienne de l'histoire, à une époque où l'humanité était plongée dans un Âge des ténèbres encore inégalé :

« On aperçoit les premiers contours d'un système de tensions aux dimensions du globe, comprenant des fédérations d'États, des unités supranationales de tous genres, on aperçoit les préliminaires de luttes d'élimination et d'hégémonie, sans lesquels la mise en place d'un monopole mondial de la force publique, d'un organe politique central, et la pacification de la terre tout entière ne sont pas concevables[15]. »

La Charte des Nations unies, en effet, est un contrat auquel adhèrent les États par libre consentement et qui prévoit l'organisation des relations internationales selon des règles fixées par décision majoritaire des membres, sur la base d'une égalité que traduit le principe « un État, une voix » à l'Assemblée générale, organe principal du pouvoir législatif onusien. Elle vise à garantir « qu'il ne sera pas fait usage de la force des armes, sauf dans l'intérêt commun » et que les rclations internationales seront régies « conformément aux principes de la justice et du droit international », de « l'égalité de droits des peuples et de leur droit à disposer d'eux-mêmes ». Elle accorde également une importance majeure au développement économique et social, tout en « encourageant le respect des droits de l'homme et des libertés fondamentales pour tous, sans distinction de race, de sexe, de langue et de religion ».

La Charte prévoyait la création, en cas de besoin, d'une force armée internationale, intervenant en dernier recours dans le cadre de ses principes et règles de droit, afin de préserver la paix, une force régie par un Conseil de sécurité tenant lieu de pouvoir exécutif, secondé par un Comité d'état-major international. Cinq États s'accordèrent une participation permanente au Conseil de sécurité et se réservèrent une prérogative majeure, non contradictoire cependant avec des principes constitutionnels lockéens : c'est le droit de veto réservé aux cinq puissances ayant participé à la coalition victorieuse dans la Seconde Guerre mondiale, qui consolidèrent leur titre à cette prérogative en devenant, par la suite, les cinq premières puissances nucléaires mondiales. Ce droit de veto, comparable à celui qu'aurait un chef d'État non élu, dans une Constitution de type monarchique, fut exigé avec le plus de force par l'Union soviétique. De nature inégalitaire, il était, et reste, le prix à payer inévitablement pour l'existence même de l'Organisation des Nations unies et la possibilité de son fonctionnement, sans succomber au premier désaccord entre grandes puissances sur une question relative à la paix et à la sécurité mondiale[16].

La Charte des Nations unies, cependant, ne fut jamais intégralement appliquée et respectée, tant dans sa lettre que dans son esprit, du fait de l'exacerbation des tensions entre les deux Léviathans planétaires, due en grande partie à l'accession de Harry Truman à la présidence des États-Unis à la suite du décès de Franklin Roosevelt. L'ONU fut réduite au statut réel de chambre de compensation, au sens bancaire du terme, des transactions mineures des deux superpuissances du duopole mondial, celles-ci préférant, le plus souvent, négocier leurs transactions majeures dans leur confrontation bilatérale.

La fin de la guerre froide parut rendre possible — mais *possible* seulement — que la Charte entrât enfin en vigueur. Beaucoup voulurent croire alors à l'avènement d'une nouvelle ère de paix fondée sur le droit, dans laquelle les « dividendes de la paix » — c'est-à-dire les économies dues au désarmement, tel qu'il avait été amorcé sous l'impulsion donnée par Mikhaïl Gorbatchev — permettraient de résoudre les problèmes économiques du monde et de créer les conditions sociales d'une « pacification de la terre tout entière ».

Telle serait l'option lockéenne-rooseveltienne dans le monde de l'après-guerre froide, une option qui devrait reposer sur deux piliers : l'ONU, d'une part, avec l'application intégrale de sa Charte, et, d'autre part, une sorte de plan Marshall mondial, d'une ampleur beaucoup plus considérable que l'original, destiné à éradiquer la misère, la famine et les maladies endémiques, et promouvoir le développement de tous les pays, au « Sud » comme à « l'Est ».

Il faudrait pour cela opérer ce « changement copernicien » de la pensée des dirigeants états-uniens auquel Georges Bataille appelait en 1949, au moment où le monde sortait d'une guerre mondiale pour entrer dans une guerre froide, un changement qui consisterait à comprendre que le salut du monde a pour condition la générosité de leur pays et le don de leurs « excédents », afin de promouvoir le développement mondial.

« Dès l'abord, si une partie des richesses évaluables en gros est vouée à la perte, ou, sans profit possible, à l'usage improductif, il y a lieu, il est même *inéluctable* de céder des marchandises sans contrepartie. Désormais, [...] la possibilité de poursuivre la croissance est elle-même subordonnée au don : le développement industriel de l'ensemble du monde demande aux Américains de saisir lucidement la nécessité, pour une économie comme la leur, d'avoir une marge d'opérations sans profit [17]. »

« Si la menace de la guerre engage les États-Unis à consacrer l'essentiel de l'excédent aux fabrications militaires, il sera vain de parler encore d'évolution pacifique : pratiquement, la guerre aura lieu à coup sûr. C'est seulement dans la mesure où cette menace les engage à en consacrer, de sang-froid, une part importante — sans contrepartie — à l'élévation du niveau de vie mondial, que, les mouvements de l'économie donnant au surcroît de l'énergie produite une autre issue que guerrière, l'humanité ira pacifiquement vers une résolution générale de ses problèmes [18]. »

Après les illusions suscitées une première fois par la fondation de l'ONU et le plan Marshall dans l'après-1945, nombreux furent ceux qui crurent naïvement George Bush père lorsqu'il annonça, le 11 septembre 1990, l'avènement tout proche d'un « nouvel ordre mondial » succédant à la guerre froide : « Une nouvelle ère — plus libre de la menace de la terreur, plus forte dans la poursuite de la justice, et plus sûre dans la quête de la paix. Une ère dans laquelle les nations du monde, Est et Ouest, Nord et Sud, peuvent prospérer et vivre en harmonie. [...] Un monde dans lequel le règne de la loi remplace la loi de la jungle. Un monde dans lequel les nations reconnaissent la responsabilité partagée de la liberté et de la justice. Un monde où les forts respectent les droits des faibles. »

Rarement discours de propagande aura été aussi mystificateur. L'ère de l'hypocrisie suprême était ainsi inaugurée, l'ère où se multipliera l'usage d'oxymorons comme la « guerre humanitaire » ou la « justice militaire ». L'option réelle suivie par Washington, toutes administrations confondues, fut l'option hobbesienne, celle de Theodore Roosevelt plutôt que celle de Franklin Roosevelt, celle d'un « corollaire Roosevelt » à une doctrine Monroe étendue à la planète entière plutôt que celle des « quatre libertés », celle d'un Léviathan états-unien fondé sur la peur et le surarmement plutôt que celle d'un monde libre de la peur et engagé dans le désarmement.

Les quelques chiffres qui suivent valent plus qu'un long discours : alors que les dépenses militaires des États-Unis ne sont pas descendues, dans l'après-guerre froide, au-dessous d'un plancher équivalant à près de 3 % du produit national brut, et qu'elles remontent à présent vers les 3,5 %, l'aide publique au développement dispensée par Washington atteint à peine 0,1 % du PNB (moins de 1 % du budget fédéral contre près de 15 % à l'époque du plan Marshall), soit 35 fois moins que les dépenses militaires et 7 fois moins que l'objectif très modeste fixé par les Nations unies[19].

Telle est la voie choisie par Washington, et confirmée au fil des ans depuis la fin de la guerre froide : la voie de l'accumulation de moyens de destruction, de la cupidité et de l'avarice en matière d'aide au développement ; la voie qui conduit de la guerre menée au nom de l'ONU contre l'Irak, à la guerre menée dans le cadre de l'OTAN au Kosovo, jusqu'à la guerre contre l'Afghanistan, menée par le Léviathan états-unien, accompagné de son fidèle lieutenant britannique. Et il faut être singulièrement myope pour ne pas voir que l'Empire planétaire actuel est gouverné à partir de Washington : lorsqu'il n'agit pas seul, il procède selon la méthode suivie par les Romains pour agrandir leur propre empire, méthode consistant, d'après Machiavel, à « s'associer d'autres États, mais en se réservant le droit de souveraineté, le siège de l'empire, et la gloire de tout ce qui se fait en commun[20] ».

Les attentats de New York et Washington, loin d'introduire un bouleversement de la politique états-unienne, n'auront servi qu'à en accentuer fortement le cours hobbesien, hégémonique, unilatéraliste, de l'après-guerre froide. Ce cours par lequel le gouvernement des États-Unis s'arroge le droit de juger le reste du monde et de châtier qui il veut, quand il veut et comme il veut. Et où l'ONU ne sert plus qu'à légitimer a posteriori les décisions de Washington, après l'exercice de la force par Washington et pour Washington, et à assurer l'intendance et la reconstruction, ainsi que les tâches du « *nation-building* » dans les « *failed states* ». Ce cours dans lequel le gouvernement des États-Unis tient au reste du monde — implicitement et, de plus en plus, explicitement — un discours symétriquement opposé à la fable de Bush père sur « un monde où les forts respectent les droits des faibles ».

Un discours semblable à celui que tinrent les députés de la puissante Athènes aux magistrats de l'île de Mélos assiégée, dans le célèbre dialogue imaginé par

Thucydide : « La justice n'entre en ligne de compte dans le raisonnement des hommes que si les forces sont égales de part et d'autre ; dans le cas contraire, les forts exercent leur pouvoir et les faibles doivent leur céder[21]. »

Ce à quoi les Méliens répondirent : « À notre avis — puisque vous nous avez invités à ne considérer que l'utile à l'exclusion du juste — votre intérêt exige que vous ne fassiez pas fi de l'utilité commune. [...] Vous avez autant que nous avantage à procéder de la sorte. En vous montrant impitoyables, vous risquez en cas de revers de fournir l'exemple d'un châtiment exemplaire[22]. »

Dans un remarquable petit ouvrage sur les « menaces asymétriques », terroristes et non conventionnelles, qui pèsent sur son pays, le lieutenant-colonel Kenneth F. McKenzie, Jr., du corps des marines des États-Unis (USMC), écrivait ce qui suit, en l'an 2000 :

« Comme les nations faibles, et même les groupes non étatiques, envisagent aujourd'hui d'intimider ou de punir une puissance dominante sur une échelle qui était inconcevable il y a 2 500 ans, nous pourrions parler métaphoriquement de la revanche des Méliens et entendre les applaudissements lointains de ces insulaires[23]. »

En effet.

C'est peut-être parce que les « menaces asymétriques » relèvent du registre de la tragédie que les auteurs qui s'y intéressent ont tendance à citer la littérature de l'Antiquité hellénique. Toujours est-il qu'un autre ouvrage consacré, en 1998, à ces mêmes menaces qui visent les aspects divers de la vulnérabilité des États-Unis, aussi puissants puissent-ils être, se référait, tout naturellement, au mythe d'Achille et de son fameux point vulnérable au talon, pour conclure :

« Dans le poème épique d'Homère, Achille était tué seulement après avoir vaincu son plus grand adversaire, Hector, champion des Troyens. Dans un accès de rage, l'arrogant Achille profana le corps de son ennemi tué. Cela irrita le dieu Apollon, qui connaissait la vulnérabilité cachée d'Achille. Plus tard, tandis qu'Achille se battait contre un adversaire de moindre importance, Apollon guida une flèche jusqu'au talon d'Achille, blessant mortellement le guerrier qui avait cru qu'il était invincible. Le talon était la vulnérabilité du héros, mais l'*hubris* s'avéra être sa plus grande faiblesse[24]. »

L'arrogant Achille états-unien, ayant vaincu son ennemi russe Hector, n'a cessé de l'enfoncer dans la déchéance et de l'humilier. Un adversaire de bien moindre importance lui a décoché des flèches qui l'ont gravement atteint à son point le plus vulnérable. Ébloui par son orgueil démesuré, Achille est parti à l'assaut de tous ses opposants, croyant protéger son talon en chaussant ses bottes militaires. Son *hubris* a provoqué et provoquera encore, inévitablement, l'ire de Némésis, déesse de la vengeance des dieux[25].

Notes

1. Huntington, *The Clash of Civilizations and the Remaking of World Order, op. cit.*, p. 321.

2. *Ibid.*

3. Ce n'est pas un hasard si Robert Kaplan, un des auteurs qui ont cherché à démontrer la validité de ce paradigme dans l'après-guerre froide, a placé une citation du *Léviathan* en exergue de son recueil d'articles consacré à la question, où Hobbes est cité à plusieurs reprises : *The Coming Anarchy : Shattering the Dreams of the Post Cold War*, Random House, New York, 2000.

4. Thomas Hobbes, *Leviathan*, ch. XIII, Penguin, 1985, p. 185-186 (plusieurs éditions françaises).

5. *Ibid.*, ch. xx, p. 252.
6. *Ibid.*, ch. xvii, p. 227.
7. *Ibid.*, p. 228.
8. John Locke, *The Second Treatise of Government*, § 172, dans *Two Treatises of Government*, Cambridge University Press, Cambridge (UK), Locke, p. 383 (plusieurs éditions françaises).
9. Michel Foucault, « *Il faut défendre la société* », *op. cit.*, p. 16-17.
10. *Ibid.*, p. 83-85. Foucault ajoutait : « D'où le fait, bien sûr, que la philosophie du droit a ensuite donné comme récompense à Hobbes le titre sénatorial de père de la philosophie politique. » Commentaire à comparer à celui de Jean-Fabien Spitz, critique lockéen de Hobbes, qui écrit que « loin que les prémisses anthropologiques et politiques de Hobbes soient la pierre d'angle de la philosophie politique moderne, elles sont incompatibles avec l'existence même du constitutionnalisme » (*John Locke et les fondements de la liberté moderne*, PUF, Paris, 2001, p. 334). On s'accordera avec Norberto Bobbio pour penser qu'« il est difficile de trouver un penseur politique qui révèle davantage que Hobbes les traits essentiels de l'esprit conservateur : réalisme politique, pessimisme anthropologique, conception anti-conflictualiste et inégalitaire de la société » (« La théorie politique de Thomas Hobbes », dans Bobbio, *L'État et la démocratie internationale*, Complexe, Bruxelles, 1998, p. 118).
11. Locke, *op. cit.*, § 99, p. 333 (souligné dans l'original).
12. *Ibid.*, § 137, p. 360 (souligné dans l'original). Locke décrit même la guerre de chacun contre chacun, au sens hobbesien, comme préférable, à tout prendre, au « *pouvoir absolu arbitraire* » (*ibid.*).
13. Spitz, *op. cit.*, p. 290.
14. G. W. F. Hegel, *Leçons sur la philosophie de l'histoire*, Vrin, Paris, 1963, p. 71. L'antagonisme des deux Amériques « révélera l'élément important de l'histoire universelle » (« *die weltgeschichtliche Wichtigkeit offenbaren soll* », *Vorlesungen über die Philosophie der Weltgeschichte*, Felix Meiner, Hambourg, 1994, b. I, p. 209) au sens où il augurera des rapports entre les États-Unis et le reste du monde.
15. Norbert Elias, *La Dynamique de l'Occident*, *op. cit.*, p. 316-317.

16. La position qui consiste à revendiquer l'abolition du droit de veto et la transmission des pouvoirs exécutifs à l'Assemblée générale est à la fois angélique et erronée du point de vue démocratique. Angélique, car il est évident que des décisions de sécurité internationale adoptées par la majorité des États sur la base du principe « un État, une voix », contre le gré des grandes puissances, seraient soumises de la part de celles-ci à un veto de facto par dissuasion militaire (qui privilégierait d'ailleurs la plus forte d'entre elles, les États-Unis). Cette réforme n'a d'ailleurs pas la moindre chance d'être adoptée. Elle serait, en outre, erronée du point de vue de la démocratie, parce que le principe « un État, une voix » n'est pas véritablement démocratique, puisqu'il met sur un pied d'égalité, par exemple, un milliard d'Indiens et 12 000 Nauruans. Une organisation internationale véritablement démocratique devrait reposer sur deux chambres : une chambre des États, sur le modèle de l'Assemblée générale actuelle, et une chambre des populations, élue au suffrage direct avec représentation proportionnelle des populations — selon un modèle semblable au bicamérisme de la Constitution des États-Unis ou de celle de l'URSS de 1923.

17. Georges Bataille, *La Part maudite,* Minuit, Paris, 1967, p. 64.

18. *Ibid.,* p. 220.

19. Les États-Unis sont au dernier rang des pays de l'OCDE en matière de pourcentage du PNB consacré à l'aide au développement, tandis que l'aide totale des sept pays les plus riches du monde, membres du G7, a baissé de près de 30 % en termes réels, au cours de la dernière décennie du XXe siècle.

20. Nicolas Machiavel, *Discours sur la première décade de Tite-Live,* dans *Œuvres complètes,* Gallimard, la Pléiade, Paris, 1974, p. 524. Dans leur best-seller *Empire* (Harvard University Press, Cambridge [Mass.], 2000 [traduction française : *Empire*, Exils, Paris, 2000]), dont le succès médiatique n'est probablement pas sans rapport avec la méthode — une combinaison hybride entre hégélianisme et post-modernisme, qui prend pour « point de départ » des concepts juridiques (p. 9) et place le « virtuel » ou le « soft » (« l'éther ») au même niveau que le matériel (la bombe et l'argent) — Michael Hardt et Antonio Negri cherchent à démontrer que les États-Unis ne forment pas aujourd'hui « le centre d'un projet impérialiste » et que « l'impérialisme est terminé » (p. XIII-XIV). Les deux auteurs concèdent que les États-Unis détiennent encore un rôle

hégémonique au niveau de la force militaire où ils peuvent agir seuls, pour ajouter tout de suite cependant qu'ils « préfèrent agir en collaboration avec d'autres sous la couverture des Nations unies » (p. 309). Ce jugement dénué de perspicacité politique a pour effet de conforter leur idée de l'absence d'une « nouvelle Rome » (p. 347). Le centre de la puissance économique mondiale est situé par les auteurs à New York, pour ne pas voir que Washington, la nouvelle Rome, est à la fois le centre politico-militaire de l'empire réel, qui est états-unien, et son centre de décision politico-économique, siège de la Réserve fédérale, du Fonds monétaire international et de la Banque mondiale.

21. Thucydide, *Histoire de la guerre du Péloponnèse,* Livre V, ch. LXXXIX, Garnier Flammarion, Paris, 1966, t. II, p. 74.

22. *Ibid.,* p. 74-75.

23. Kenneth F. McKenzie, Jr., *The Revenge of the Melians : Asymmetric Threats and the Next QDR,* McNair Paper 62, Institute For National Strategic Studies, National Defense University, Washington, 2000, p. X.

24. Falkenrath, Newman et Thayer, *America's Achille's Heel, op. cit.,* p. 340. Pour les auteurs, l'*hubris* se référait à l'assurance sécuritaire illusoire des États-Unis plutôt qu'à leurs options en politique internationale. Ajoutons qu'ils auraient dû prendre la peine de se renseigner convenablement sur le mythe sous le signe duquel ils ont placé leur ouvrage : ce n'est pas « dans le poème épique d'Homère » que se trouve la version célèbre du mythe, dans laquelle Achille est tué par une flèche décochée par Pâris et guidée par Apollon. L'*Iliade* ne décrit pas la mort d'Achille.

25. *Hubris* et *Némésis* sont les sous-titres des deux volumes de la célèbre biographie de Hitler par Ian Kershaw.

POSTFACE

SEPTEMBRE 2003

Depuis la parution de son édition française originale en mars 2002, ce petit ouvrage a été publié, ou est en cours de publication, en de nombreuses langues[1]. Sa parution en poche, alors que sa diffusion internationale se poursuit, près de deux ans après sa rédaction, me rassure quant à une crainte que j'avais au moment de sa première édition : celle qu'il fût pris pour un ouvrage de pure conjoncture, un de ces très nombreux livres publiés « à chaud » dont la distribution cesse abruptement dès que l'événement qu'ils commentent n'est plus au centre de l'actualité médiatisée.

Ce n'était pas évident a priori : comme je l'indiquais dans la première note, ce livre « a été écrit dans l'urgence d'une réaction à des événements en cours » — en quelques mois. Il pouvait être condamné à subir le sort de la catégorie désignée ci-dessus. Il n'en a pas été ainsi.

Le 11 septembre 2001 a été, pour moi, un catalyseur qui a entraîné une précipitation, au sens chimique du terme : la cristallisation, dans ce petit ouvrage, de pensées accumulées au cours de plusieurs années d'observation de la politique extérieure des États-Unis et de la situation au Moyen-Orient[2], de longues années de réflexion sur l'« état du monde », stimulées par l'expérience directe que j'ai vécue au Liban, dans l'œil du seul cyclone politico-militaire qui n'ait pas cessé de tourbillonner depuis plus d'un demi-siècle.

Le titre de cet ouvrage s'inscrivait, à l'évidence, en opposition à la célèbre thèse du « choc des civilisations ». Mais il s'opposait également, et peut-être plus spécifiquement, à une variante beaucoup plus traditionnelle de cette même thèse, celle d'un affrontement dans lequel une — voire chacune — des parties antagonistes prétend représenter la Civilisation, au singulier avec une majuscule, et relègue son ou ses adversaires dans le champ de la Barbarie. C'est cette même variante qui a été mise en avant, principalement, au lendemain du 11 septembre 2001.

Samuel Huntington en personne — le célèbre auteur du best-seller sur le « choc des civilisations » — avait expliqué que les attentats contre le World Trade Center et le Pentagone ne relevaient pas du conflit entre les civilisations occidentale et islamique, mais d'une tentative infructueuse de la part d'Oussama Ben Laden de déclencher pareil conflit, dont les prémisses existent toutefois, bel et bien, selon le professeur de Harvard[3].

Pour Huntington, comme pour l'administration Bush à plus forte raison, la thèse du « choc des civilisations » ne pouvait être appliquée au conflit opposant les États-Unis au réseau dirigé par Ben Laden, pour la raison évidente qu'une telle interprétation reconnaîtrait implicitement au chef du réseau Al-Qaida ce statut de représentant de l'islam qu'il revendique passionnément. Dès lors, la stratégie de communication adoptée à Washington consista à distinguer entre bons et méchants musulmans, et à reléguer Ben Laden dans un statut de paria vis-à-vis de sa propre religion, dont Washington se targuait de défendre la bonne interprétation. George Bush se lança même dans une surenchère de bons sentiments à l'égard de la communauté musulmane, allant jusqu'à organiser une prière et un dîner de rupture du jeûne du ramadan à la Maison-Blanche.

Inversement, l'administration états-unienne s'érigeait, comme de coutume, en représentante de la civilisation occidentale, elle-même hissée au rang d'incarnation de la Civilisation. Avec un président illuminé, le messianisme autoproclamé des États-Unis atteignit, après le 11 septembre 2001, un degré par rapport auquel la « *manifest destiny* » du XIXe siècle semble bien modeste. Selon le discours officiel, le conflit dont le 11 septembre est devenu le symbole le plus fort n'oppose pas la civilisation occidentale à la civilisation islamique, mais la Civilisation tout court à la barbarie à visage musulman.

De cette interprétation, on acceptera volontiers une proposition : Oussama Ben Laden ne représente pas l'islam, mais une dérive barbare du fanatisme intégriste islamique. La cause est entendue. Mais la prétention de George W. Bush à représenter la Civilisation — même en restreignant cette prétention à la seule civilisation occidentale — n'est pas moins irrecevable que la prétention de Ben Laden à représenter la civilisation islamique.

Il est même possible de soutenir que le 43e président des États-Unis et les membres de son administration — le ministre de la Justice, John Ashcroft, et le secrétaire à la Défense, Donald Rumsfeld, en particulier — sont à l'origine de l'une des plus fortes régressions, sinon la plus forte, qu'a jamais connues leur propre pays en matière d'acquis de civilisation. Passons ici sur le volet intérieur de cette régression : assaut virulent contre les droits sociaux, les droits et libertés civiques, les droits des femmes, les droits des minorités ethniques, et autres conquêtes et acquis dont la généalogie remonte aux Lumières du XVIIIe siècle et, au-delà, au progrès historique de la Civilisation dans son ensemble. Ces questions ne relèvent pas directement de l'objet de ce livre.

Ce qui nous concerne ici, c'est la contribution fondamentale de l'administration Bush à la dérive barbare des relations internationales. Après l'épisode afghan, la guerre d'invasion de l'Irak a porté à son paroxysme cette tendance latente depuis la fin de la guerre froide et manifeste depuis la guerre du Kosovo. Dans le domaine de la politique internationale, la Civilisation est incarnée par le droit international et ses institutions ; la Barbarie, par la loi de la jungle, la raison du plus fort. Cette « raison du plus fort » s'appuie sur une suprématie qui se cultive : depuis la nouvelle hausse à long terme de leurs dépenses militaires, décrétée dès 1998 par l'administration Clinton[4], et son amplification à la suite du 11 septembre 2001, les États-Unis sont en passe de dépenser, à eux seuls, autant ou plus que le reste du monde dans sa totalité — sans même prendre en compte le coût de la guerre et de l'occupation en Irak.

Deux mois à peine après le 11 septembre 2001, tandis que d'innombrables commentateurs — et de nombreuses vedettes de l'expertise médiatique tous azimuts — se félicitaient de l'ère de coopération internationale inaugurée par les attentats, je concluais un article publié dans le numéro de décembre 2001 du *Monde diplomatique* en annonçant que l'Irak serait « la prochaine cible de l'action américaine » et en ajoutant : « En somme, comme le confirment déjà les quelques semaines écoulées depuis les attentats, le 11 septembre aura surtout servi à accentuer le nouveau cours hégémonique et unilatéraliste suivi par les États-Unis depuis la fin de la guerre froide[5]. »

Ce que j'ai appelé dans le présent ouvrage « l'unilatéralisme hégémonique[6] » de Washington a atteint son apogée autour de l'affaire irakienne. Toutes les tendances qui y sont décrites ont été vérifiées et amplifiées : l'arrogance s'appuyant sur une « logique manichéenne et comminatoire », en vertu de laquelle quiconque ne s'aligne pas derrière les États-Unis est voué aux gémonies ; les « coalitions » composées par Washington à son gré, en fonction de la nature et des besoins de ses expéditions militaires ; le ravalement de l'ONU à un « cadre de gestion *post-bellum* des territoires ravagés par les interventions militaires décidées à Washington » ; et jusqu'à la doctrine de la « guerre préventive[7] », qui n'avait pas encore été officiellement formulée par George W. Bush[8] et qui est ici décrite en citant des propos de Paul Wolfowitz, l'adjoint de Donald Rumsfeld à la défense.

L'administration Bush, affublée de l'allié britannique indéfectible Tony Blair, a mené son expédition irakienne malgré l'échec de ses efforts pour obtenir un vote majoritaire du Conseil de sécurité de l'ONU. Le président des États-Unis avait annoncé la couleur lors de son discours devant l'Assemblée générale des Nations unies, le 12 septembre 2002, un discours plein de cette même suffisance et de cette même logique manichéenne et comminatoire évoquées plus haut : l'organisation internationale était sommée d'endosser la guerre projetée par Washington contre l'Irak sous peine d'être considérée comme caduque (« *irrelevant* »).

George W. Bush tint parole. Une fois perdu tout espoir d'obtenir une majorité au Conseil de sécurité en faveur de leur projet d'invasion de l'Irak, le président et son administration traitèrent l'ONU comme une organisation disqualifiée. Ils menèrent leur guerre en se passant allégrement de son aval, et refusèrent même de faire mine de lui confier l'administration du pays conquis, comme ils l'avaient fait pour le Kosovo ou l'Afghanistan. Cette fois-ci, l'ONU n'était même pas agréée pour le service après-guerre !

L'administration Bush, enivrée par sa victoire facile contre un régime irakien aux abois, promit au monde entier ce que son président avait fait miroiter devant les Nations unies :

« [L'Irak] pourra un jour se joindre à un Afghanistan démocratique et une Palestine démocratique, inspirant des réformes dans l'ensemble du monde musulman. Ces nations peuvent montrer par leur exemple que le gouvernement honnête, le respect des femmes et la grande tradition islamique de l'étude peuvent triompher au Moyen-Orient et au-delà[9]. »

Ce prétexte subsidiaire de l'argumentaire washingtonien pour l'invasion de l'Irak fut invoqué à l'intention des bonnes âmes que le fantasme des « armes de destruction massive » n'avait pas réussi à convaincre et qui sont cependant assez naïves pour croire en une croisade désintéressée des États-Unis pour la démocratie. La prétention d'incarner la Civilisation dans son combat contre la Barbarie trouvait ici son expression la plus crédible, à priori : à défaut de civiliser les relations internationales, Washington jurait de réincarner la « mission civilisatrice » de l'Occident au Moyen-Orient. Au vu du coût de la guerre et de l'occupation de l'Irak, les États-Unis ne tardèrent d'ailleurs pas, non plus, à ressusciter la rengaine du « fardeau de l'homme blanc » en l'adaptant au goût de l'époque.

Un Irak démocratique, un Afghanistan démocratique et une Palestine démocratique dans un Moyen-Orient honnêtement gouverné, respectueux des femmes et studieux, sous la tutelle de Washington... Ce mirage du désert, George Bush y croyait-il lui-même ? À moins de le soupçonner de schizophrénie, on ne saurait l'admettre un seul instant.

L'administration Bush, après avoir renversé les talibans, se désintéressa du *nation-building* en Afghanistan à tel point que son homme lige imposé à la « présidence », Hamid Karzaï, ne peut même pas se vanter de contrôler la capitale, ni même les membres de son propre « gouvernement ». Les États-Unis refusèrent de déployer leurs troupes à Kaboul dans le cadre de la force des Nations unies dont ils avaient eux-mêmes suscité la création, laissant cette tâche périlleuse à leurs alliés de l'OTAN. Les bases qu'ils maintiennent dans le pays servent à poursuivre leur combat contre les restes du réseau Al-Qaida et contre les talibans — qui reprennent, d'ailleurs, du poil de la bête en récupérant le flambeau afghan traditionnel de la résistance à l'occupant étranger —, tandis que le pays est livré aux autres intégristes islamiques de l'Alliance du Nord, aux seigneurs de la guerre qui les dirigent et à leurs exactions sanglantes. Les femmes afghanes subissent toujours la même oppression, en dehors de quelques habitantes de Kaboul promues au rang d'alibis télévisuels. Cela, tandis que les aides versées à l'Afghanistan ne sont qu'un maigre ersatz de ce qui avait été promis.

En Palestine, la démocratie selon George W. Bush a consisté à imposer aux Palestiniens, contre le gré de leur très grande majorité, un « Premier ministre » sans aucune légitimité. Puis à chercher à écarter complètement, sinon à éliminer d'une façon ou d'une autre — selon le vœu du grand démocrate Ariel Sharon —, le seul président élu du monde arabe dont la légitimité populaire soit au-dessus de tout soupçon. La « feuille de route » menant à la « Palestine démocratique » promise par Bush est un diktat contraire aux aspirations élémentaires du peuple palestinien et rejeté par sa quasi-totalité.

Comment l'Irak, sous la tutelle que se sont octroyée les États-Unis par la force de leurs armes, pourrait-il faire exception ? L'Irak où, contrairement à l'Afghanistan, Washington n'a aucune intention de déléguer sa tutelle à autrui — au-delà des supplétifs et des bailleurs de fonds dont l'administration Bush a de plus en plus urgemment besoin, tandis qu'elle constate son enlisement dans le bourbier le plus profond que les États-Unis aient connu depuis le Vietnam. L'Irak où les visées de Washington sur les formidables ressources pétrolières du pays semblent de plus en plus compromises par l'évolution d'une situation dont le contrôle lui échappe à un degré qui dépasse les pronostics les plus alarmistes formulés avant la guerre. L'Irak qui sombre inexorablement dans une barbarie chaotique telle qu'elle a même réussi à faire regretter à des fractions de sa population la barbarie despotique de Saddam Hussein.

Le constat s'impose : ce n'est pas le progrès de la civilisation que la barbarie impériale de Washington sème avec ses bombes. Ce sont bien des dérives barbares qu'elle récolte. Et l'ironie de l'histoire a fait d'ores et déjà que l'Irak est devenu le terrain le plus fertile des attentats anti-américains, alors que Washington a envahi le pays sous le prétexte fallacieux de conjurer la menace terroriste pesant sur la sécurité des Américains.

Le choc des barbaries est, aujourd'hui, plus violent que jamais. Et il est plus urgent que jamais de le faire cesser, en arrêtant le déchaînement de la barbarie majeure, celle qui est au principe de toutes les autres : la barbarie impériale états-unienne, fer de lance de la mondialisation d'un capitalisme sauvage et ravageur, qui engendre sans cesse d'autres régressions barbares dans une dialectique infernale, dont l'aboutissement serait la Barbarie généralisée une nouvelle fois, dans ce siècle nouveau — si on la laissait prendre toute son ampleur.

À ce titre, l'extraordinaire éclosion du plus formidable mouvement antiguerre jamais vu à l'échelle planétaire, contre la guerre d'invasion de l'Irak que préparaient l'administration Bush et le cabinet Blair, est la plus belle nouveauté de ce début de siècle, la plus importante source d'espoir renouvelé. Après l'essor du mouvement de contestation de la mondialisation néolibérale, l'expansion du mouvement antiguerre vient compléter heureusement le combat indispensable contre les deux volets de la barbarie majeure. Ces deux mouvements conjugués, dont la jeunesse est le trait saillant, sont seuls capables, potentiellement, d'enrayer la descente vers la Barbarie : en contrecarrant la barbarie impériale, d'une part; en opposant l'attraction de leurs valeurs progressistes aux fanatismes réactifs des barbaries mineures, d'autre part.

Il n'est pas exagéré d'affirmer que l'avenir de l'humanité dépend du sort de ce combat pour une autre mondialisation, nouvelle version de l'opposition entre Éros et Thanatos.

25 septembre 2003

Notes

1. Allemand, anglais (New York), arabe (Beyrouth), coréen (Séoul), portugais (São Paulo), chinois simplifié (Pékin), chinois traditionnel (Taipei), japonais, persan, suédois et turc. Des extraits de l'ouvrage ont été traduits en d'autres langues.
2. Sur le Moyen-Orient et la politique régionale des États-Unis, voir le recueil de mes articles dans Gilbert Achcar,

L'Orient incandescent. Le Moyen-Orient au miroir marxiste, op. cit.

3. Voir, entre autres, Samuel Huntington « The Age of Muslim Wars », dans *Issues 2002,* édition spéciale de *Newsweek,* décembre 2001-février 2002, p. 8-13.

4. 1998 est l'année de l'opération « Renard du désert » menée unilatéralement par Washington et Londres contre l'Irak, et préfigurant l'invasion de 2003 dans ses modalités internationales.

5. Gilbert Achcar, « Jeu triangulaire entre Washington, Moscou et Pékin », *Le Monde diplomatique,* décembre 2001.

6. Voir la section du chapitre « Haine, barbaries, asymétrie et anomie » portant ce sous-titre.

7. Sans oublier son corollaire plus original : la « détention préventive », appliquée aux prisonniers de Guantánamo, entre autres.

8. Elle le sera, sous la désignation trompeuse de « l'action préemptive », dans le discours prononcé par le président devant les cadets de l'académie militaire de West Point, le 1er juin 2002, avant de figurer en bonne place dans le célèbre rapport sur la *National Security Strategy* de 2002.

9. George W. Bush, « Remarks by the President in Address to the United Nations General Assembly, New York », White House Office of the Press Secretary, Washington, 12 septembre 2002. La suite fut, bien sûr, jetée aux oubliettes : « Et nous montrerons que la promesse des Nations unies peut être accomplie de notre temps. »

Impression réalisée sur Presse Offset par

BRODARD & TAUPIN

GROUPE CPI

La Flèche (Sarthe), 21719
N° d'édition : 3554
Dépôt légal : janvier 2004

Imprimé en France